Russe

Débutants

Victoria Melnikova-Suchet

À propos de ce cahier

Ce cahier ne requiert aucune connaissance préalable du russe. Il ne demande pas non plus, pour son utilisation, l'aide d'un dictionnaire ou d'un autre support. Les leçons sont conçues de telle sorte que vous commenciez vraiment de zéro et progressivement, vous acquérez des bases de la langue russe : la phonétique, le déchiffrage du cyrillique et la grammaire. Les exercices simples et efficaces vous permettront de travailler les règles expliquées brièvement et d'apprendre le vocabulaire nécessaire aux premières étapes de la compréhension. Les mots sont introduits au fur et à mesure, les leçons suivantes utilisent le lexique des précédentes pour vous permettre d'avancer : il est donc nécessaire de suivre le cours des leçons l'une après l'autre. Des banques de mots vous offrent le vocabulaire regroupé autour de différents thèmes de la vie quotidienne et qui est souvent retravaillé à travers les exercices. Malgré le petit volume, vous y trouverez toutes les notions basiques du russe : genre, conjugaison, déclinaison, nombre, règles de lecture et autres.

Pour faciliter votre apprentissage de la lecture, nous proposons tout au long de l'ouvrage la phonétique en utilisant les lettres françaises et quelques signes (', lettres en exposant, traits d'union). Lisez attentivement le tableau de prononciation aux pages 4-5 et n'hésitez pas à y revenir si vous en avez besoin. La phonétique proposée est bien entendu approximative, mais elle vous permettra de vous exprimer et d'être compris par un interlocuteur russophone.

L'accent tonique est marqué par les soulignements dans les mots russes et leur phonétique. Si l'accent se déplace lors de la déclinaison ou la conjugaison du mot, vous le trouverez également en soulignement dans le mot « incomplet » de l'exercice.

Enfin, nous vous proposons d'effectuer votre autoévaluation : après chaque exercice, dessinez l'expression de vos icônes (☺ pour une majorité de bonnes réponses, ☺ pour environ la moitié et ☹ pour moins de la moitié). À la fin de chaque chapitre, reportez le nombre d'icônes relatives à tous les exercices et, en fin d'ouvrage, faites les comptes en reportant les icônes des fins de chapitre dans le tableau général prévu à cet effet.

Sommaire

Alphabet, lettres, sons

L'alphabet russe contient 33 lettres et 42 sons :

- 10 voyelles
- 20 consonnes
- ь, ъ (lettres qui ne se prononcent pas)
- й

Prononciation et lecture

- Toutes les lettres (sauf ь et ъ) se prononcent, y compris en fin de mot : **привет** [pri<u>vié</u>t], *salut* ; **вас** [vass], *vous* (COD). Autrement dit, une lettre correspond à un son. Seulement deux lettres (ь et ъ) ne se prononcent pas quand elles sont isolées. Pensez à nos signes diacritiques : ils sont « muets » mais modifient la prononciation d'une lettre quand ils y sont attachés. Ainsi, le signe mou ь « ramollit » la lettre qui le précède tandis que le signe dur ъ laisse la lettre qui le suit « dure ».

- L'accent tonique n'est pas fixe et peut se déplacer lors de la déclinaison et de la conjugaison des mots. Pour l'indiquer, les lettres ou les sons à accentuer seront soulignés.

Lire en cyrillique n'est pas aussi difficile que cela en a l'air. De nombreuses lettres sont presque identiques aux lettres latines et d'autres s'apprennent très facilement.

1 **Déchiffrez les lettres suivantes.**
Ex. м ➔ m

a. а ➔ ....   e. к ➔ ....

b. о ➔ ....   f. м ➔ ....

c. т ➔ ....   g. п ➔ ....

d. с ➔ ....

Voici l'alphabet russe. Étudiez bien la manière dont se prononcent les lettres dans les mots.

Lettre russe	Nom de la lettre	Son dans un mot	Exemple de prononciation/ explication	Exemple dans les mots russes
Аа	a	**a, i** (en position non accentuée devant l'accent)	h**a**cher	**август** [**a**vgoust], *août* **часы** [tch**i**ssy], *montre*
Бб	bê	**b, p** (en fin des mots ou devant une sourde)	**b**arre, **p**erdre	**бак**, [ba**k**], *bac* **юбка** [iou**p**ka], *jupe*
Вв	vê	**v, f** (en fin des mots ou devant une sourde)	**v**élo, **f**roid	**вот** [**v**ot], *voilà* **остров** [ostra**f**], *île*
Гг	guê	**g/gu, k** (en fin des mots ou devant une sourde)	**g**orge/**gu**êpe, **k**angourou	**груша** [**g**roucha], *poire* **круг** [krou**k**], *rond, bouée* (de sauvetage)
Дд	dê	**d, t** (en fin des mots ou devant une sourde)	**ad**orer, **t**ort	**дом** [**d**om], *maison* **мёд** [mio**t**], *miel*
Ее	ié	**ié, i, y** (en position non accentuée), **ê** (souvent après **ж** et **ш**)	**ié**na	**аптека** [apt**ié**ka], *pharmacie* **анекдот** [an**i**kdot], *blague* **жених** [j**y**niH], *fiancé* **блюдце** [bliouts**ê**], *soucoupe*
Ёё	io	**io**	**i**d**io**t	**дёшево** [d**io**chêva], *bon marché*
Жж	jê	**j, ch** (en fin des mots ou devant une sourde)	**j**eton/**g**erme, **ch**at	**живот** [**j**yvot], *ventre* **этаж** [ita**ch**], *étage*
Зз	zê	**z, s** (en fin des mots ou devant une sourde)	**z**oo, **s**ac	**зал** [**z**al], *salle* **газ** [gas**s**], *gaz*
Ии	i	**i, y** (après **ж** et **ш**)	**i**vre	**икона** [**i**kona], *icône* **жить** [j**y**t^s], *vivre* **машина** [mach**y**na], *voiture*
Йй	ille	**ï**	bonsa**ï**/a**il**	**зимой** [zimo**ï**], *en hiver* **май** [ma**ï**], *mai*
Кк	ka	**k**	**k**épi	**кот** [**k**ot], *chat*
Лл	èl	**l**	**l**ié, **l**ouer	**лес** [**l**iéss], *forêt* **логика** [**l**oguika], *logique*
Мм	èm	**m**	**m**ère	**мост** [**m**ost], *pont*
Нн	èn	**n**	**n**ote	**нос** [**n**oss], *nez*
Оо	o	**o/a** (en position non accentuée), **a** (non accentué en fin des mots)	**p**ort	**хорошо** [Harach**o**], *bien* **весело** [v**é**ssila], *gai*

Lettre russe	Nom de la lettre	Son dans un mot	Exemple de prononciation/ explication	Exemple dans les mots russes
Пп	pê	p	pape	парк [park], *parc*
Рр	èr roulé	r	r roulé comme celui de l'italien : « buongiorno », « pronto »	роза [roza], *rose*
Сс	ès	s/ss	salut, masse	сумка [soumka], *sac*
Тт	tê	t	torride	тариф [tarif], *tarif*
Уу	ou	ou	boule	урок [ourok], *leçon*
Фф	èf	f	fracas	фрукт [froukt], *fruit*
Хх	(k)ha	H	comme le « doch » allemand, « Juan » espagnol	химия [Himi-ia], *chimie*
Цц	tsê	ts	mouche tsé-tsé, tsar	цвет [tsviét], *couleur*
Чч	tché	tch	tchao, tchèque	час [tchass], *heure*
Шш	cha	ch	char	шакал [chakal], *chacal*
Щщ	chtcha	schi	chien	борщ [borstch], *bortsch* (soupe russe à la betterave) ящик [iachik], *tiroir*
ъ	Le signe dur	°	pas de prononciation propre	объяснять [ab°ïisniatˢ], *expliquer*
ы	i dur (entre **ou** et **i**)	y	il n'y a pas d'équivalent, se prononce entre **ou** et **i** français	часы [tchissy], *montre*
ь	Le signe mou	i / gne / ' / s selon le contexte	pas de prononciation propre	обувь [oboufⁱ], *chaussures* осень [ossigne], *automne* лошадь [lochatˢ], *cheval*
Ээ	ê	ê/i (en position non accentuée)	être, pique	это [êta], *ce, c'est* экзамен [igzamin], *examen*
Юю	iou	iou	pioupiou	юмор [ioumar], *humour*
Яя	ia	ia/i (en position non accentuée devant l'accent), yi (en position non accentuée au début du mot)	iambe, pédiatre, piquer	ясно [iasna], *clair* девятнадцать [divitnatsatˢ], *dix-neuf* язык [yizyk], *langue*

2 Transcrivez les syllabes suivantes en lettres latines.
Ex. ма → ma

a. ла → ....   **f.** си → ....

b. но → ....   **g.** то → ....

c. та → ....   **h.** ша → ....

d. во → ....   **i.** пи → ....

e. ку → ....   **j.** ре → ....

3 Déchiffrez les syllabes suivantes.
Ex. тот → tot

a. сук → ....   **f.** пин → ....

b. поп → ....   **g.** рум → ....

c. ата → ....   **h.** лам → ....

d. мос → ....   **i.** нам → ....

e. вот → ....   **j.** зок → ....

Les nasales

Les sons nasaux n'existent pas en russe (en tout cas, pas au sens où on l'entend pour les nasales françaises). Faites attention à bien prononcer les combinaisons de lettres suivantes : **an** dans **Александр** [aliks<u>a</u>-ndr], *Alexandre* ; **am** dans **там** [ta-m], *là-bas* ; **on** dans **он** [o-n], *lui* ; **ien** dans **студент** [stoudi<u>é</u>-nt], *étudiant*, etc.

4 Lisez ces syllabes à voix haute, en prononçant distinctement le **н** final.

a. вон   **f.** вен

b. сен   **g.** мун

c. рун   **h.** он

d. бан   **i.** лен

e. тэн   **j.** сан

5 Reliez les bulles pour faire correspondre les sons aux syllabes.

| a. бах | b. вит | c. гра | d. ден | e. ёж | f. зву | g. лик | h. мар | i. тук | j. мус |

| 1. [dién] | 2. [ioj] | 3. [lik] | 4. [vit] | 5. [mous] | 6. [mar] | 7. [bah] | 8. [touk] | 9. [gra] | 10. [zvou] |

Vous voyez, il n'est pas difficile de lire le russe. Entraînez-vous avec ces syllabes pour bien maîtriser les lettres. Lorsque des lettres qui se suivent se prononcent d'une manière séparée, distincte, nous mettons dans la transcription phonétique un trait d'union : **станция** [stantsy-ia], station.

Banque de mots

Россия [rassi-ia], *Russie*
русский язык [rouskiï yizyk], *langue russe*
Спасибо! [spassi-ba], *merci !*
До свидания! [das-vidania], *au revoir !*

Consonne molle ou dure

Les 20 consonnes donnent 36 sons ; en effet, 15 des 20 consonnes peuvent être molles ou dures selon la voyelle qui les suit. La lettre **м**, par exemple, ne se prononce pas de la même façon dans les deux mots suivants : **мал** [mal], *petit*, et **мял** [mial], *[il] froissait*.

6 Lisez ces syllabes à voix haute, en respectant la différence de prononciation.

a. ту – тю
b. ма – мя
c. со – сё
d. мы – ми

e. лэ – ле
f. ты – ти
g. ву – вю

Consonnes sourdes ou sonores ?

• La plupart des consonnes russes fonctionnent par paires : à une consonne sonore (la voix participe à l'articulation du son) correspond une consonne sourde (la voix est omise lors de l'émission du son). Cette alternance se remarque dans les mots où la consonne sonore se trouve en position finale (ou est suivie par le signe mou **ь**) ou devant une consonne sourde. La prononciation de la lettre est alors altérée.

Prenons par exemple la paire **б-п** : **бум** [boum], *boum*, mais **зуб** [zoup], *dent*, **юбка** [ioupka], *jupe*. Dans d'autres mots, la lettre sonore va « contaminer » la sourde qui la précède : **сделать** [zdiélatˢ], *faire*.

• Les « sonores » **б, в, г, д, ж, з** s'assourdissent en position finale ou devant une consonne sourde et se prononcent alors comme leur équivalent sourd :

Sonore	б	в	г	д	ж	з
	↓	↓	↓	↓	↓	↓
Sourde	п	ф	к	т	ш	с

(Exception : **Бог** [boH], *Dieu*)

• Certaines consonnes ne fonctionnent pas par paires, néanmoins elles sont sonores (**л, м, н, р**) ou sourdes (**х, ц, ч, щ**). Ces lettres ont toujours la même prononciation.

7 Mettez dans le verre de droite les mots contenant des consonnes sonores qui deviennent sourdes et dans celui de gauche les mots contenant des consonnes qui ne changent pas. • •

суп, *soupe*

рот, *bouche*

зуд, *démangeaison*

миф, *mythe*

кит, *baleine*

муж, *époux*

раз, *fois*

час, *heure*

зов, *appel*

вид, *vue*

миг, *instant*

8 **Choisissez la bonne transcription pour les syllabes suivantes.**

a. фо | **1.** [vo] | **2.** [fo] | **3.** [po]
b. ха | **1.** [ka] | **2.** [ta] | **3.** [Ha]
c. це | **1.** [sé] | **2.** [tsê] | **3.** [tsa]
d. ча | **1.** [tcha] | **2.** [cha] | **3.** [sia]
e. вы | **1.** [vy] | **2.** [vi] | **3.** [vu]

f. му | **1.** [my] | **2.** [mou] | **3.** [mu]
g. ач | **1.** [ach] | **2.** [ast] | **3.** [atch]
h. ща | **1.** [tcha] | **2.** [schia] | **3.** [cha]
i. ть | **1.** [ts] | **2.** [ti] | **3.** [t^s]
j. эх | **1.** [êH] | **2.** [êt] | **3.** [êks]

Bravo, vous êtes venu à bout du chapitre 1 ! Il est maintenant temps de comptabiliser les icônes et de reporter le résultat en page 128 pour l'évaluation finale.

2

Lisons ensemble

L'accent tonique

Souvenez-vous que l'accent russe est mobile. Nous vous indiquons la syllabe accentuée en la soulignant. Il faut prononcer cette syllabe d'une manière accentuée, presque en s'attardant dessus.

Lisons ensemble, en commençant par des mots simples. Si vous les déchiffrez correctement, vous trouverez sans problème leur sens.

Retenez que la lettre **o** non accentuée se prononce [a] ; le **e** sans accent se prononce [i] ou [^{ié}] ([ié] très atténué).

Notez qu'il n'y a pas de diphtongues en russe et que les consonnes finales se prononcent.

1 Lisez les mots suivants et traduisez-les.
Ex. м**а**ма → [m**a**ma], *maman*

a. нет → ....

b. п**а**па → ....

c. л**а**мпа → ....

d. шок → ....

e. бан**а**н → ....

f. в**и**за → ....

g. банк → ....

h. текст → ....

2 Lisez les mots à haute voix en appliquant la règle que vous venez d'apprendre.
La lettre à accentuer est soulignée. Ex. л**е**то, *été* → [li**é**ta]

a. г**о**лос, *voix*

b. он**а**, *elle*

c. опер**а**, *opéra*

d. **э**то, *cela*

e. те**а**тр, *théâtre*

f. конц**е**рт, *concert*

g. телеф**о**н, *téléphone*

Placez les mots dans l'ordre alphabétique, en vous aidant de l'alphabet donné dans la leçon précédente.

вот, *voilà* • **мост**, *pont* • **он**, *lui* • **кот**, *chat* • **б<u>о</u>мба**, *bombe*
пол, *sol* • **дом**, *maison* • **лес**, *forêt* • **ель**, *sapin* • **зонт**, *parapluie*

1.	6.
2.	7.
3.	8.
4.	9.
5.	10.

> Rappelez-vous que la plupart des consonnes sonores s'assourdissent à la fin des mots ou devant une consonne sourde (voir la leçon précédente). L'accent tonique, que nous vous indiquons en soulignant les lettres à accentuer, n'est jamais indiqué dans les mots monosyllabiques car cette unique syllabe est forcément accentuée.

 Lisez à voix haute les mots russes suivants.

a. газ, *gaz*
b. л<u>о</u>дка, *barque*
c. краб, *crabe*
d. шанс, *chance*
e. такс<u>и</u>, *taxi*
f. бил<u>е</u>т, *billet*

Reliez les mots et les images, lisez-les à voix haute et traduisez-les.

a. анан<u>а</u>с
....

b. р<u>о</u>за
....

c. стоп
....

d. жир<u>а</u>ф
....

e. спорт
....

f. лун<u>а</u>
....

g. кост<u>ю</u>м
....

h. гит<u>а</u>ра
....

1. 2. 3. 4. 5. 6. 7. 8.

Banque de mots

Привет! [priviét], *salut !*
здесь [zdiéssⁱ], *ici*
там [tam], *là-bas*
вот [vot], *voilà*
кофе [kofié], *café*

6 Écrivez ces mots en russe
(chaque tiret correspond à une lettre).
Ex. *stop* ➔ стоп

a. *soupe* ➔ _ _ _ _ _

b. *chef* ➔ _ _ _ _

c. *iode* ➔ _ _ _

d. *football* ➔ _ _ _ _ _ _

e. *code* ➔ _ _ _

f. *basse* ➔ _ _ _

g. *type* ➔ _ _ _

7 Choisissez la bonne transcription des mots suivants.

a. студент, *étudiant*
1. [stoudiént]
2. [chtoudiént]
3. [stoudint]

b. сахар, *sucre*
1. [kakhar]
2. [sahap]
3. [saHar]

c. Москва, *Moscou*
1. [maskva]
2. [maskba]
3. [moskva]

d. идея, *idée*
1. [idié-a]
2. [idié-ia]
3. [idi-a]

e. математика, *mathématiques*
1. [motiématika]
2. [matimatika]
3. [matimatiéka]

f. минута, *minute*
1. [mynouta]
2. [minuta]
3. [minouta]

g. почти, *presque*
1. [patchti]
2. [pachti]
3. [patchi]

h. фотография, *photographie*
1. [fotografi-ia]
2. [fatagrafi-ia]
3. [fatografi-ia]

i. дискотека, *discothèque*
1. [diskotiéka]
2. [diskatika]
3. [diskatiéka]

8 Écrivez les mots russes correspondant aux images. Chaque case représente une lettre.

c. ⬜⬜⬜⬜⬜

a. ⬜⬜⬜⬜⬜

b. ⬜⬜⬜

d. ⬜⬜⬜⬜⬜

f. ⬜⬜⬜⬜

e. ⬜⬜⬜⬜⬜⬜⬜⬜

Bravo, vous êtes venu à bout du chapitre 2 ! Il est maintenant temps de comptabiliser les icônes et de reporter le résultat en page 128 pour l'évaluation finale.

 ⬜   ⬜   ⬜

3
Le nominatif, le masculin singulier, animé-inanimé

Le nominatif

Les noms russes se déclinent, ce qui se manifeste par les changements de fin du mot selon sa fonction dans la phrase. Il existe 6 cas : nominatif, génitif, datif, accusatif, instrumental et prépositionnel (appelé également locatif). Pour le moment, nous allons étudier tous les mots au nominatif, tels qu'on les trouve dans le dictionnaire.

I Complétez les mots suivants au nominatif avec les lettres manquantes, en vous aidant de la traduction française. Rassurez-vous : il s'agit des mêmes lettres qu'en français ! Chaque tiret correspond à une lettre.

a. м __ сс __ ж [massaj], *massage*

b. б __ м __ а [bomba], *bombe*

c. __ __ д [guit], *guide*

d. л __ м __ а [lampa], *lampe*

e. __ е __ то __ __ н [ristaran], *restaurant*

f. __ е __ ра [ziébra], *zèbre*

g. __ о __ о __ ад [chykalat], *chocolat*

h. р __ __ __ р [radar], *radar*

Le masculin singulier

La langue russe possède trois genres : le masculin, le féminin et le neutre.
Nous classerons les mots, selon leur terminaison, en « mous » ou en « durs ». Il s'agit d'une distinction conventionnelle qui influence le choix de la terminaison lors de la déclinaison.

Les mots masculins se terminent par :
• une consonne (terminaison « zéro ») ;
• **й** ;
• **а/я** pour certains mots.

Les masculins durs se terminent par une consonne ou **а**.
Les masculins mous se terminent par **й** ou **я**.

Les mots qui se terminent par **а/я** sont des « masculins logiques » :
папа [papa], *papa* ; **дядя** [diadia], *oncle*.

2 Placez les fruits et légumes dans le bon panier.

b. сельдере́й
[sildiriéï], *céleri*

d. арбу́з
[arbouss],
pastèque

c. карто́фель [kartofil'],
pomme de terre

a. бана́н
[banan], *banane*

e. помидо́р
[pamidor],
tomate

f. лук
[louk], *oignon*

MASCULIN MOU

MASCULIN DUR

h. огуре́ц
[agourets],
concombre

g. щаве́ль
[schiviél'], *oseille*

i. лук-поре́й
[loukpariéï],
poireau

3 Parmi les mots proposés, choisissez uniquement les noms masculins.

a. глаз [glass], *œil*

b. вода́ [vada], *eau*

c. окно́ [akno], *fenêtre*

d. нос [noss], *nez*

e. стул [stoul], *chaise*

f. маши́на [machyna], *voiture*

g. пульт [poul't],
télécommande

h. река́ [rika], *rivière*

j. ого́нь
[agogne], *feu*

i. стол [stol], *table*

k. сестра́
[sistra], *sœur*

l. па́па [papa],
papa

Reliez les mots à leur traduction. Indiquez les noms masculins.

a. театр •

b. масса •

c. борщ •

d. зебра •

e. идея •

f. дискотека •

g. царь •

h. мимоза •

i. тест •

j. физика •

• 1. *mimosa*

• 2. *bortsch* (soupe russe)

• 3. *idée*

• 4. *test*

• 5. *masse*

• 6. *tsar*

• 7. *zèbre*

• 8. *physique*

• 9. *discothèque*

• 10. *théâtre*

 Parmi les animaux ci-dessous, lesquels sont masculins en russe ?

a. лев [liéf], *lion*

b. собака [sabaka], *chien*

c. кот [kot], *chat*

d. кролик [krolik], *lapin*

e. коза [kaza], *chèvre*

f. петух [pitouH], *coq*

g. конь [kogne], *cheval*

h. крокодил [krakadil], *crocodile*

i. корова [karova], *vache*

Banque de mots

кто [kto], *qui*

что [chto], *quoi*

так [tak], *ainsi*

быстро [bystra], *vite*

сейчас [sitchass], *maintenant*

Animé et inanimé

Les noms russes peuvent être animés ou inanimés. Pour les « animés », on pose la question **кто?** [kto], *qui ?* et pour les « inanimés », la question **что?** [chto], *quoi ?*

Sachez que le verbe *être* est omis au présent. Du coup, le mot **это** [êta], *cela* est bien utile : il suffit de l'ajouter devant un nom pour dire *c'est*. Ainsi : **это кот** [êta kot], *c'est un chat* ; **это книга** [êta kniga], *c'est un livre*.

6 Posez la bonne question pour les mots suivants, puis entourez le mot masculin.

Ex. Кто это? [kto êta], *qui est-ce ?* → Это мама [êta mama], *c'est maman.*

Что это? [chto êta], *qu'est-ce que c'est ?* → Это (стол) [êta stol], *c'est une table.*

a. .... это? → Это собака [êta sabaka], *c'est un chien.*

b. .... это? → Это стул [êta stoul], *c'est une chaise.*

c. .... это? → Это президент [êta prizidiént], *c'est un président.*

d. .... это? → Это врач [êta vratch], *c'est un médecin.*

e. .... это? → Это окно [êta akno], *c'est une fenêtre.*

f. .... это? → Это ручка [êta routchka], *c'est un stylo.*

g. .... это? → Это ребёнок [êta ribionak], *c'est un enfant.*

h. .... это? → Это книга [êta kniga], *c'est un livre.*

7 Écrivez en russe les mots que vous avez appris au cours des leçons précédentes.

a. *maison* / b. *visa* / c. *banane* / d. *costume* / e. *concert*

a.

b.

c.

d.

e.

8 **Chassez l'intrus et expliquez pourquoi.**

a.   1. водка   2. кот   3. какао

→ ....

b.   1. стол   2. газ   3. вода

→ ....

c.   1. лодка   2. папа   3. мама

→ ....

Bravo, vous êtes venu à bout du chapitre 3 ! Il est maintenant temps de comptabiliser les icônes et de reporter le résultat en page 128 pour l'évaluation finale.

4
Le nom féminin singulier
Les mots interrogatifs

Le nom féminin singulier

En russe, les mots féminins ont trois types de terminaisons : les féminins « durs » se terminent en **а**, les féminins « mous » en **я** ou en **ь**.

N'oubliez pas que certains masculins se terminent également par **а/я**. Mais vous ne risquerez pas de les confondre car il s'agit de masculins « logiques » (comme *oncle* ou *papa*). En revanche, le genre des mots se terminant par le signe mou **ь** est à apprendre. Vous trouverez ci-dessous quelques mots en signe mou répandus.

Observez toutes les manières utilisées pour transcrire le signe mou en phonétique.

Banque de mots

Masculin
день [diégne], *jour*
конь [kogne], *cheval*
медведь [midviét^s], *ours*
якорь [iakarⁱ], *ancre*
отель [atêlⁱ], *hôtel*
словарь [slavarⁱ], *dictionnaire*
корабль [karablⁱ], *bateau*
пень [piégne], *souche*

Féminin
ночь [notchⁱ], *nuit*
дочь [dotchⁱ], *fille*
дверь [dviérⁱ], *porte*
часть [tchast^s], *partie*
тетрадь [titrat^s], *cahier*
кровать [kravat^s], *lit*
площадь [ploschit^s], *place*
тень [tiégne], *ombre*

 Retrouvez les mots féminins.

a. рот [rot], *bouche*
b. дядя [diadia], *oncle*
c. окно [akno], *fenêtre*
d. рука [rouka], *main*
e. земля [zimlia], *terre*

f. стакан [stakan], *verre*
g. ночь [notchⁱ], *nuit*
h. часы [tchissy], *montre*
i. весна [visna], *printemps*
j. день [diégne], *jour*

2 Composez des mots avec les lettres proposées.
Ex. п л м а а, *lampe* – лампа

a. е а р п о, *opéra* → ....

b. т е л и б, *billet* → ....

c. у б з, *dent* → ....

d. а н л у, *lune* → ....

e. а ф р и ж, *girafe* → ....

f. н о к о, *fenêtre* → ....

3 Reliez les images aux mots suivants et donnez chaque fois leur genre.

a. медведь [midvi̯éts]   **b.** кровать [kravats]   **c.** книга [kniga]   **d.** арбуз [arbouss]

e. корабль [karabli]   **f.** зебра [ziébra]   **g.** корова [karova]   **h.** нос [noss]

4 Lisez à voix haute les mots russes suivants.

a. риск, *risque*

b. жизнь, *vie*

c. вот, *voilà*

d. путь, *voie*

e. маяк, *phare* (à la mer)

f. глаза, *yeux*

g. мысль, *pensée*

h. губа, *lèvre*

Les principaux mots interrogatifs russes

Les deux « *où ?* » marquent un concept russe important : la présence ou l'absence de mouvement.

• Le mot interrogatif **где?** [gdié], *où ?* sert à demander l'endroit où l'on se trouve.

• **Куда?** [kouda], *où ?* contient l'idée du mouvement et sert à demander l'endroit vers lequel on se dirige.

Ты где? [ty gdié] ➜ *Tu es où ?* – **В парке** [fparkié] ➜ *Au parc.*

Ты куда? [ty kouda] ➜ *Tu vas où ?* – **В парк** [fpark] ➜ *Au parc.*

Notez par ailleurs que le mot **парк** [park], *parc*, utilisé ici deux fois, n'a pas la même terminaison. Il s'agit de l'emploi de deux cas différents (respectivement locatif et accusatif).

Remarquez que **В парке** [fparkié] se prononce comme un seul mot. En effet, des prépositions courtes comme **в** se lient avec le mot qui les suit. La lettre **в** s'assourdit au contact de la lettre sourde **п**, ce qui modifie sa prononciation.

Banque de mots

кто? [kto], *qui ?*

что? [chto], *quoi ?*

когда? [kagda], *quand ?*

где? [gdié], *où ?* (sans mouvement)

куда? [kouda], *où ?* (avec mouvement)

как? [kak], *comment ?*

почему? [patchimou], *pourquoi ?*

зачем? [zatchiém], *pour quoi faire ?*

какой? [kakoï], *quel, lequel ?*

который? [katoryï], *lequel ?*

сколько? [skolʲka], *combien ?*

откуда? [atkouda], *d'où ?*

5 Reliez les mots interrogatifs suivants et leur traduction.

a. кто [kto] •

b. как [kak] •

c. почему [patchimou] •

d. где [gdié] •

e. когда [kagda] •

f. сколько [skolʲka] •

g. что [chto] •

• **1.** *quoi*

• **2.** *qui*

• **3.** *combien*

• **4.** *quand*

• **5.** *comment*

• **6.** *où* (sans mouvement)

• **7.** *pourquoi*

L'ordre des mots dans une phrase russe est libre. Les deux variantes se traduisent de la même manière :
где ты? [gdié ty], **ты где?** [ty gdié] ➜ *Où es-tu ?*

6 Traduisez le nom des saisons.

год [got], *année*

весна [visnа]

лето [liéta]

осень [ossigne]

зима [zima]

7 Trouvez le mot caché derrière ces nombres. Chaque nombre indique la place de la lettre correspondante dans l'alphabet russe. Vous trouverez dans le corrigé la traduction et la prononciation de ce mot.

14 – 1 – 26 – 10 – 15 – 1

___ ___ ___ ___ ___ ___

8 Choisissez la bonne transcription des mots suivants.

a. корова, *vache*
1. karava
2. korova
3. karova

b. когда, *quand*
1. kagda
2. kogda
3. kaHda

c. кровать, *lit*
1. kravat
2. kravatˢ
3. krovats

d. ночь, *nuit*
1. notchⁱ
2. noch
3. notcha

e. год, *année, an*
1. god
2. gad
3. got

f. откуда, *d'où*
1. atkiouda
2. otkouda
3. atkouda

g. арбуз, *pastèque*
1. arbouz
2. arbouss
3. arbouss

h. стакан, *verre*
1. stakan
2. stokan
3. stokan

9 Retrouvez les mots féminins et masculins parmi les propositions suivantes. Indiquez à chaque fois leur genre (f = féminin, m = masculin).

a. вода [vada], *eau* → ....

b. окно [akno], *fenêtre* → ....

c. море [morié], *mer* → ....

d. хлеб [Hliép], *pain* → ....

e. голова [galava], *tête* → ....

f. книга [kniga], *livre* → ....

g. глаз [glass], *œil* → ....

h. лето [liéta], *été* → ....

i. день [diégne], *jour* → ....

j. нога [naga], *pied, jambe* → ....

Bravo, vous êtes venu à bout du chapitre 4 ! Il est maintenant temps de comptabiliser les icônes et de reporter le résultat en page 128 pour l'évaluation finale.

5

Le nom neutre singulier
Les pronoms personnels – La négation

Le nom neutre singulier

En russe, les mots neutres ont trois types de terminaisons : les neutres « durs » se terminent en **o** (**окно** [akno], *fenêtre*), les neutres « mous » en **e/ё** (**море** [morié], *mer* ; **бельё** [bilio], *linge*) et une troisième catégorie (plus rare) de noms se termine en **мя** (**время** [vriémia], *temps*).

Retenez que la lettre **ё** est toujours accentuée.

 Attention : **кофе** [kofié], *café* (la boisson) est un mot masculin malgré le **e** final.

1 Lisez à voix haute les mots suivants et traduisez-les.

a. студент → ....

b. радио → ....

c. автобус → ....

d. актёр → ....

e. фильм → ....

f. университет → ....

g. музыка → ....

h. фотография → ....

i. метро → ....

j. президент → ....

2 Entourez le bon genre des mots suivants (M = masculin, F = féminin, N = neutre).

a. потолок [patalok], *plafond* M F N

b. стена [stina], *mur* M F N

c. пол [pol], *sol* M F N

d. окно [akno], *fenêtre* M F N

e. дверь [dviéri], *porte* M F N

f. люстра [lioustra], *lustre* M F N

g. ковёр [kavior], *tapis* M F N

h. полотенце [palatiéntsê], *serviette* M F N

i. паркет [parkiét], *parquet* M F N

j. зеркало [ziérkala], *miroir* M F N

k. кресло [kriésla], *fauteuil* M F N

3 Reliez le nom des pays et leur capitale.

• **Фр<u>а</u>нция** [fr<u>a</u>ntsy-ia], *France* •

• **<u>А</u>нглия** [<u>a</u>ngli-ia], *Angleterre* •

• **Ит<u>а</u>лия** [it<u>a</u>li-ia], *Italie* •

• **Росс<u>и</u>я** [rass<u>i</u>-ia], *Russie* •

• **Герм<u>а</u>ния** [guirm<u>a</u>ni-ia], *Allemagne* •

• **Исп<u>а</u>ния** [isp<u>a</u>ni-ia], *Espagne* •

• **Яп<u>о</u>ния** [yip<u>o</u>ni-ia], *Japon* •

Мадр<u>и</u>д
[madr<u>i</u>t]

Рим [rim]

Л<u>о</u>ндон
[l<u>o</u>ndan]

Пар<u>и</u>ж [par<u>i</u>ch]   **Т<u>о</u>кио** [t<u>o</u>ki-o]   **Москв<u>а</u>** [mas-kv<u>a</u>]   **Берл<u>и</u>н** [birl<u>i</u>n]

 4 Entourez les mots neutres.

врач [vratch], *docteur*   **пальт<u>о</u>** [pal'to], *manteau*

п<u>а</u>па [p<u>a</u>pa], *papa*   дочь [dotch'], *fille*

зд<u>а</u>ние [zd<u>a</u>ni-ié], *bâtiment*   <u>о</u>фис [<u>o</u>fiss], *bureau*

метр<u>о</u> [mitr<u>o</u>], *métro*   маш<u>и</u>на [mach<u>y</u>na], *voiture*

стран<u>а</u> [stran<u>a</u>], *pays*   вин<u>о</u> [vin<u>o</u>], *vin*

La lettre **я** placée dans la syllabe juste devant l'accent se prononce [yi] : **Яп<u>о</u>ния** [yip<u>o</u>ni-ia], *Japon*.

Les pronoms personnels

En russe, les pronoms personnels correspondent aux trois genres : masculin **он** [on], *il*, *lui* ; féminin **он<u>а</u>** [an<u>a</u>], *elle* ; et neutre **он<u>о</u>** [an<u>o</u>], *il* (on traduit le neutre par *il*, car ce concept n'existe pas en français).

5 Attribuez un pronom à chaque mot.
Ex. кот [kot], *chat* → он (car nom masculin)

a. сын [syn], *fils* → . . . .

b. дерево [diériva], *arbre* → . . . .

c. человек [tchilaviék], *homme* → . . . .

d. земля [zimlia], *terre* → . . . .

e. радио [radi-o], *radio* → . . . .

f. волна [valna], *vague* → . . . .

g. крокодил [krakadil], *crocodile* → . . . .

h. лето [liéta], *été* → . . . .

i. чай [tchaï], *thé* → . . . .

j. звезда [zvizda], *étoile* → . . . .

Banque de mots

сегодня [sivodnia], *aujourd'hui*
завтра [zaftra], *demain*
вчера [ftchira], *hier*
всегда [fsigda], *toujours*
никогда [nikagda], *jamais*
да [da], *oui*
нет [niét], *non*

6 Recomposez ces mots russes qui ont été coupés en deux.

a. *livre* **кни** •   • 1. **на**
b. *main* **ру** •   • 2. **ва**
c. *printemps* **вес** •   • 3. **кан**
d. *pourquoi* **поче** •   • 4. **буз**
e. *vache* **коро** •   • 5. **га**
f. *pastèque* **ар** •   • 6. **ки**
g. *lit* **кро** •   • 7. **ка**
h. *verre* **ста** •   • 8. **вать**
i. *pantalon* **брю** •   • 9. **му**

7 Utilisez les pronoms qui conviennent, comme dans l'exemple.
Ex. Вот Рита [vot rita] → *Voici Rita* – Вот она

a. Вот Иван [vot ivan] → *Voici Ivan* – . . . .

b. Вот перо [vot piro] → *Voici la plume* – . . . .

c. Вот Надя [vot Nadia] → *Voici Nadia* – . . . .

d. Вот свитер [vot svitêr] → *Voici le pull* – . . . .

e. Вот собака [vot sabaka] → *Voici le chien* – . . . .

f. Вот зонт [vot zont] → *Voici le parapluie* – . . . .

La négation

Pour mettre une phrase à la forme négative, il suffit de placer la particule **не** [nié], *ne pas* devant le mot sur lequel porte la négation.

Remarquez que la particule **не** n'est pas accentuée et se lie au mot qui la suit.

Ainsi, on prononcera **не** [ni] :

– **Это мама?** [êta mama] ➜ *C'est maman ?*

– **Нет, это не мама** [niét êta nimama] ➜ *Non, ce n'est pas maman.*

La phrase interrogative se construit de la même manière que la phrase affirmative. Seule l'intonation change.

8 **Répondez positivement et négativement aux questions suivantes.**
Ex. Это стол? [êta stol] ➜ *Est-ce une table ?* – Да, это стол.
Это стул? [êta stoul] ➜ *Est-ce une chaise ?* – Нет, это не стул.

ДА

a. Это сегодня? [êta sivodnia] ➜ *Est-ce aujourd'hui ?* – ....

b. Это лес? [êta liéss] ➜ *Est-ce la forêt ?* – ....

c. Это чай? [êta tchaï] ➜ *Est-ce le thé ?* – ....

d. Это Виктор? [êta viktar] ➜ *Est-ce Victor ?* – ....

e. Это библиотека? [êta bibli-atiéka] ➜ *Est-ce une bibliothèque ?* – ....

НЕТ

a. Это крокодил? [êta krakadil] ➜ *Est-ce un crocodile ?* – ....

b. Это телефон? [êta tilifon] ➜ *Est-ce un téléphone ?* – ....

c. Это юбка? [êta ioupka] ➜ *Est-ce une jupe ?* – ....

d. Это тетрадь? [êta titrat^s] ➜ *Est-ce un cahier ?* – ....

e. Это завтра? [êta zaftra] ➜ *Est-ce demain ?* – ....

Bravo, vous êtes venu à bout du chapitre 5 ! Il est maintenant temps de comptabiliser les icônes et de reporter le résultat en page 128 pour l'évaluation finale.

6

Le pluriel des noms masculins
L'incompatibilité orthographique

Le pluriel des noms masculins

Au pluriel, les mots masculins « durs » se terminent par **ы** et les « mous » par **и**.

кот [kot], *chat* – **коты** [katy], *chats*

папа [papa], *papa* – **папы** [papy], *papas*

конь [kogne], *cheval* – **кони** [kogni], *chevaux*

дядя [diadia], *oncle* – **дяди** [diadi], *oncles*

I Traduisez les mots suivants, puis mettez-les au pluriel et lisez-les à voix haute, en faisant attention au changement de prononciation le cas échéant.

a. пол [pol] → ....

b. прогноз [pragnoss] → ....

c. билет [biliét] → ....

d. конь [kogne] → ....

e. краб [krap] → ....

f. шанс [chans] → ....

g. стакан [stakan] → ....

h. зуб [zoup] → ....

i. студент [stoudiént] → ....

j. музей [mouziéï] → ....

Particularité

Certains mots courts perdent leur voyelle lors du passage au pluriel.

день [diégne], *jour* – **дни** [dgni], *jours*

рот [rot], *bouche* – **рты** [rty], *bouches*

палец [paliéts], *doigt* – **пальцы** [palʲtsy], *doigts*

Le pluriel en а/я

Certains noms masculins ont un pluriel en **а/я**. Le tableau ci-dessous liste les mots les plus importants à retenir. Remarquez que cette dernière lettre est toujours accentuée dans ce cas.

Banque de mots

адрес [adriéss], *adresse* → **адреса** [adriss<u>a</u>], *adresses*

берег [b<u>i</u>ériék], *rive* → **берега** [birig<u>a</u>], *rives*

вечер [v<u>ié</u>tchiér], *soir* → **вечера** [vitchir<u>a</u>], *soirs*

дом [dom], *maison* → **дома** [dam<u>a</u>], *maisons*

доктор [d<u>o</u>ktar], *docteur* → **доктора** [daktar<u>a</u>], *docteurs*

глаз [glass], *œil* → **глаза** [glaz<u>a</u>], *yeux*

голос [g<u>o</u>lass], *voix* → **голоса** [galass<u>a</u>], voix

город [g<u>o</u>rat], *ville* → **города** [garad<u>a</u>], villes

номер [n<u>o</u>miér], *numéro* → **номера** [namir<u>a</u>], numéros

паспорт [p<u>a</u>spart], *passeport* → **паспорта** [paspart<u>a</u>], passeports

поезд [p<u>o</u>-iést], *train* → **поезда** [pa-izd<u>a</u>], trains

учитель [outchitiélⁱ], *maître* → **учителя** [outchitili<u>a</u>], maîtres

2 Mettez les mots suivants au pluriel.

a. город [g<u>o</u>rat], *ville* → ....

b. день [diégne], *jour* → ....

c. глаз [glass], *œil* → ....

d. рот [rot], *bouche* → ....

e. дом [dom], *maison* → ....

f. палец [p<u>a</u>liéts], *doigt* → ....

g. паспорт [p<u>a</u>spart], *passeport* → ....

h. кот [kot], *chat* → ....

i. учитель [outchitiélⁱ], *maître* → ....

Les pluriels irréguliers

Certains mots ont un pluriel irrégulier.

ребёнок [ribionak], *enfant* – **дети** [diéti], *enfants*

человек [tchilaviék], *homme* – **люди** [lioudi], *gens*

лист [list], *feuille* – **листья** [listia], *feuilles*

цветок [tsvitok], *fleur* – **цветы** [tsvity], *fleurs*

бабушка [babouchka],
mamie russe

≠

бабочка [babatchka],
papillon

3 Entourez le bon genre des noms suivants
(M = masculin, F = féminin, N = neutre).

a. пианино [pi-anina], *piano*   M F N

b. компьютер [kampioutêr], *ordinateur*   M F N

c. море [morié], *mer*   M F N

d. армия [armi-ia], *armée*   M F N

e. кольцо [kal'tso], *anneau*   M F N

f. ночь [notchi], *nuit*   M F N

g. хоккей [Hakiéï], *hockey*   M F N

h. бабушка [babouchka], *grand-mère*   M F N

i. магазин [magazin], *magasin*   M F N

j. бабочка [babatchka], *papillon*   M F N

L'incompatibilité orthographique au pluriel

Г
Ж
К
Х
Ч
Ш
Щ

-ЫΙ
-И

La règle de l'incompatibilité orthographique est importante à retenir. Après les lettres suivantes, on n'écrit pas **ы** au pluriel mais **и** : **рак**, *écrevisse* – **раки**. Ainsi, malgré le fait que ce nom soit à terminaison dure, son pluriel est en **и**.

29

4 Reliez les nationalités féminines au masculin correspondant.

американец [amⁱᵉrikaniéts], *Américain* •
англичанин [anglitchanin], *Anglais* •
испанец [ispaniéts], *Espagnol* •
итальянец [italianiéts], *Italien* •
немец [niémiéts], *Allemand* •
россиянин [rassi-ianin], *Russe* •
француз [frantsouss], *Français* •
японец [yiponiéts], *Japonais* •

• немка
• француженка
• англичанка
• американка
• японка
• итальянка
• россиянка
• испанка

5 Remettez les lettres dans le bon ordre pour obtenir les mots suivants.
Ex. *chats* : окыт – коты

a. *gaz* : ызга ➜ ....

b. *jours* : инд ➜ ....

c. *codes* : докы ➜ ....

d. *thés* : ича ➜ ....

e. *parapluies* : отынз ➜ ....

f. *bouches* : тры ➜ ....

g. *montre* : сачы ➜ ....

 Les nationalités ne prennent pas de majuscule en russe.

> ## Banque de mots
>
> **утро** [outra], *matin, matinée*
> **день** [diégne], *jour, journée*
> **вечер** [viétchiér], *soir, soirée*
> **ночь** [notchⁱ], *nuit*
> **полдень** [poldigne], *midi*
> **полночь** [polnatchⁱ], *minuit*

6 Mettez les mots masculins suivants au pluriel.

a. шеф [chef], *chef* ➜ шеф __

b. конь [kogne], *cheval* ➜ кон __

c. мяч [miatch], *ballon* ➜ мяч __

d. стол [stol], *table* ➜ стол __

e. рубль [roublⁱ], *rouble* ➜ рубл __

f. город [gorat], *ville* ➜ город __

g. клей [kliéï], *colle* ➜ кле __

h. карандаш [karandach], *crayon* ➜ карандаш __

i. утюг [outiouk], *fer à repasser* ➜ утюг __

j. водитель [vaditiélⁱ], *conducteur* ➜ водител __

k. учитель [outchitiélⁱ], *maître* ➜ учител __

l. банан [banan], *banane* ➜ банан __

7 Choisissez le bon pluriel des mots suivants.

a. студент, *étudiant*
  1. студента
  2. студенты
  3. студенти

b. номер, *numéro*
  1. номера
  2. номеры
  3. номери

c. человек, *homme*
  1. человеки
  2. люди
  3. человекы

d. француз, *Français*
  1. французи
  2. француза
  3. французы

e. вечер, *soir*
  1. вечера
  2. вечеры
  3. вечери

f. суп, *soupe*
  1. супы
  2. супи
  3. супа

g. дядя, *oncle*
  1. дяды
  2. дяда
  3. дяди

> Vous l'avez déjà remarqué : l'article n'existe pas en russe.

8 Répondez aux questions suivantes.

a. Кто это? [kto êta], *Qui est-ce ?* Это _ _ _ _ _ _ _ → *Ce sont des mamans.*

b. Что это? [chto êta], *Qu'est-ce que c'est ?* Это _ _ _ _ _ _ → *Ce sont des maisons.*

c. Что это? [chto êta], *Qu'est-ce que c'est ?* Это _ _ _ _ _ _ _ _ → *Ce sont des tables.*

d. Кто это? [kto êta], *Qui est-ce ?* Это _ _ _ _ _ _ → *Ce sont des chats.*

e. Что это? [chto êta], *Qu'est-ce que c'est ?* Это _ _ _ _ _ → *Ce sont des mers.*

f. Кто это? [kto êta], *Qui est-ce ?* Это _ _ _ _ _ _ _ → *Ce sont des girafes.*

9 Retrouvez le singulier des pluriels suivants et donnez sa traduction.

a. дни [dgni] → ....

b. доктора [daktara] → ....

c. немцы [niémtsy] → ....

d. носы [nassy] → ....

e. дети [diéti] → ....

f. дома [dama] → ....

g. цари [tsari] → ....

h. папы [papy] → ....

i. глаза [glaza] → ....

j. рты [rty] → ....

10 Traduisez les mots suivants et entourez leur genre (M = masculin, F = féminin, N = neutre).

a. помидор [pamidor]   M   F   N → ....

b. окно [akno]   M   F   N → ....

c. вода [vada]   M   F   N → ....

d. собака [sabaka]   M   F   N → ....

e. лето [liéta]   M   F   N → ....

f. врач [vratch]   M   F   N → ....

g. стакан [stakan]   M   F   N → ....

h. дверь [dviér']   M   F   N → ....

i. нога [naga]   M   F   N → ....

j. море [morié]   M   F   N → ....

11 Cochez le dernier son (indiqué en phonétique française) de chaque mot.

	[t]	[p]	[s]	[ch]	[H]	[k]
a. раз, *fois*						
b. пот, *sueur*						
c. пух, *duvet*						
d. друг, *ami*						
e. зуб, *dent*						
f. муж, *mari*						
g. час, *heure*						
h. смех, *rire*						
i. суп, *soupe*						
j. пруд, *étang*						
k. чек, *chèque*						
l. марш, *marche*						

Bravo, vous êtes venu à bout du chapitre 6 ! Il est maintenant temps de comptabiliser les icônes et de reporter le résultat en page 128 pour l'évaluation finale.

Le pluriel des noms féminins
Les pronoms personnels

Terminaisons

Au pluriel, les mots féminins « durs » (se terminant par **a**) ont une terminaison en **ы** et les « mous » (se terminant par **я** ou signe mou) en **и**.

ма́ма [m<u>a</u>ma], *maman* – **ма́мы** [m<u>a</u>my], *mamans*

тётя [t<u>io</u>tia], *tante* – **тёти** [t<u>io</u>ti], *tantes*

мышь [mychⁱ], *souris* – **мы́ши** [m<u>y</u>chy], *souris*

N'oubliez pas la règle de l'incompatibilité orthographique :
соба́ка [sab<u>a</u>ka], *chien* – **соба́ки** [sab<u>a</u>ki], *chiens*

Attention au pluriel irrégulier de certains mots :
дочь [dotchⁱ], *fille* – **до́чери** [d<u>o</u>tchiri], *filles*

мать [mat^s], *mère* – **ма́тери** [m<u>a</u>tiri], *mères*

сестра́ [sistr<u>a</u>], *sœur* – **сёстры** [s<u>io</u>stry], *sœurs*

Dans beaucoup de mots russes, l'accent tonique se déplace lors de la déclinaison ou du passage au pluriel. Essayez de le retenir à chaque fois, mais ne vous inquiétez pas, à ce stade, ce n'est pas très grave si vous oubliez : **земля́** [zimli<u>a</u>], *terre* – **зе́мли** [z<u>ié</u>mli].

I Lisez à voix haute les mots suivants et traduisez-les.

a. банк → . . . .

b. маши́на → . . . .

c. факс → . . . .

d. о́фис → . . . .

e. алло́ → . . . .

f. теа́тр → . . . .

g. фото́граф → . . . .

h. компа́ния → . . . .

i. кассе́та → . . . .

j. телеви́зор → . . . .

Chassez l'intrus.

a. рук<u>а</u> / ног<u>а</u> / маш<u>и</u>на

b. челов<u>е</u>к / з<u>е</u>бра / соб<u>а</u>ка

c. телеф<u>о</u>н / жир<u>а</u>ф / телев<u>и</u>зор

d. дверь / тетр<u>а</u>дь / день

e. стол / д<u>е</u>ти / л<u>ю</u>ди

3 **Trouvez le singulier des mots suivants.**

a. л<u>а</u>мпы [l<u>a</u>mpy], *lampes* → ламп__

b. м<u>ы</u>сли [m<u>y</u>sli], *pensées* → мысл__

c. под<u>у</u>шки [pad<u>ou</u>chki], *oreillers* → под<u>у</u>шк__

d. сёстры [si<u>o</u>stry], *sœurs* → сестр__

e. ид<u>е</u>и [idié-i], *idées* → иде__

f. к<u>о</u>зы [k<u>o</u>zy], *chèvres* → коз__

g. пл<u>о</u>щади [pl<u>o</u>schidi], *places* → пл<u>о</u>щад__

h. д<u>о</u>чери [d<u>o</u>tchiri], *filles* → доч__

i. ч<u>а</u>сти [tch<u>a</u>sti], *parts* → част__

j. з<u>е</u>мли [zi<u>é</u>mli], *terres* → земл__

4 **Mettez les mots suivants au pluriel.**

a. стен<u>а</u> [stin<u>a</u>], *mur* → ....

b. тень [ti<u>é</u>gne], *ombre* → ....

c. губ<u>а</u> [goub<u>a</u>], *lèvre* → ....

d. кров<u>а</u>ть [krav<u>a</u>t^s], *lit* → ....

e. зим<u>а</u> [zim<u>a</u>], *hiver* → ....

f. мышь [mych^j], *souris* → ....

g. кор<u>о</u>ва [kar<u>o</u>va], *vache* → ....

h. соб<u>а</u>ка [sab<u>a</u>ka], *chien* → ....

i. л<u>ю</u>стра [li<u>ou</u>stra], *lustre* → ....

Les pronoms personnels

Vous connaissez déjà les pronoms personnels de la troisième personne du singulier. Complétons-les !

Singulier	Pluriel
я, *je*	**мы**, *nous*
ты, *tu*	**вы**, vous
он, *il*	
она, *elle*	**они**, *ils, elles*
оно, *il* (neutre)	

5 Traduisez les phrases suivantes. N'oubliez pas que le verbe *être* au présent est sous-entendu en russe.

a. Я студент [ia stoudiént] ➜ ....

b. Она француженка [ana frantsoujynka] ➜ ....

c. Они дети [ani diéti] ➜ ....

d. Вы – врач? [vy vratch] ➜ ....

e. Он здесь [on zdiéssʲ] ➜ ....

f. Мы сёстры [my siostry] ➜ ....

g. Ты где? [ty gdié] ➜ ....

Banque de mots

потом [patom], *après*

сразу [srazou], *tout de suite, d'un coup*

мало [mala], *peu*

хватит [Hvatit], *assez*

чуть-чуть [tchoutˢtchoutˢ], *un petit peu*

много [mnoga], *beaucoup*

ничего [nitchivo], *rien*

всё [fsio], *tout*

6 Choisissez à chaque fois le mot du genre indiqué.

a. Féminin
1. зонт
2. собака
3. дом

b. Neutre
1. окно
2. дверь
3. человек

c. Masculin
1. земля
2. словарь
3. рука

d. Neutre
1. отель
2. книга
3. море

e. Masculin
1. рот
2. кресло
3. зима

f. Féminin
1. площадь
2. день
3. конь

g. Neutre
1. хлеб
2. голова
3. метро

h. Féminin
1. потолок
2. губа
3. зеркало

i. Masculin
1. полотенце
2. ковёр
3. водка

7 Mettez les féminins suivants au pluriel.

a. дверь [dviérʲ], *porte* ➜ двер_

b. студентка [stoudientka], *étudiante* ➜ студентк_

c. газета [gaziéta], *journal* ➜ газет_

d. квартира [kvartira], *appartement* ➜ квартир_

e. подруга [padrouga], *amie* ➜ подруг_

f. картина [kartina], *tableau* ➜ картин_

g. фотография [fatagrafi-ia], *photographie* ➜ фотографи_

h. дача [datcha], *datcha* ➜ дач_

i. комната [komnata], *pièce, chambre* ➜ комнат_

8 Reliez les mots et leur traduction.

a. дети	**1.** *filles*
b. карандаш	**2.** *crayon*
c. кофе	**3.** *traditions*
d. журналистка	**4.** *journaliste*
e. вина	**5.** *enfants*
f. тетрадь	**6.** *musique*
g. музыка	**7.** *vins*
h. дочери	**8.** *dictionnaire*
i. словарь	**9.** *cahier*
j. традиции	**10.** *café* (boisson)

9 Retrouvez les parties du corps qui se cachent dans la grille ci-dessous.

a. Р

b. Н

c. Р

d. Н

e. П

f. Г

Bravo, vous êtes venu à bout
du chapitre 7 ! Il est maintenant
temps de comptabiliser les icônes
et de reporter le résultat en
page 128 pour l'évaluation finale.

8

Le pluriel des noms neutres
Les adjectifs possessifs

Le pluriel des noms neutres

Au pluriel, les mots neutres « durs » (se terminant par **o**) ont une terminaison en **a** et les « mous » (se terminant par **e/ё**) en **я**.

окно [akno], *fenêtre* – **окна** [okna]
море [morié], *mer* – **моря** [maria]

Certains neutres sont irréguliers au pluriel :

дерево [diériva], *arbre* – **деревья** [diriévia]
перо [piro], *plume* – **перья** [piéria]
яблоко [iablaka], *pomme* – **яблоки** [iablaki]

Dans certains mots, **ё** apparaît à la place de **e** :

колесо [kalisso], *roue* – **колёса** [kaliossa]
ведро [vidro], *seau* – **вёдра** [viodra]

Un petit groupe de neutres se terminant par **мя** a le pluriel irrégulier :

имя [imia], *prénom* – **имена** [imina]

---

1 Mettez les mots suivants dans l'ordre croissant du nombre de lettres qu'ils contiennent et traduisez-les.

подушка / да / собака / математика / офис / полотенце
здесь / я / француженка / там / квартира

1. .... → ....
2. .... → ....
3. .... → ....
4. .... → ....
5. .... → ....
6. .... → ....
7. .... → ....
8. .... → ....
9. .... → ....
10. .... → ....
11. .... → ....

Déterminez le genre des noms suivants (M = masculin, F = féminin, N = neutre).

a. пижама [pijama], *pyjama*   M F N

b. мальчик [mal'tchik], *garçon*   M F N

c. колесо [kalisso], *roue*   M F N

d. рубашка [roubachka], *chemise*   M F N

e. кафе [kafê], *café* (lieu)   M F N

f. галстук [galstouk], *cravate*   M F N

g. шея [chê-ia], *cou*   M F N

h. лоб [lop], *front*   M F N

i. вилка [vilka], *fourchette*   M F N

j. молоко [malako], *lait*   M F N

k. кофе [kofié], *café* (boisson)   M F N

l. сыр [syr], *fromage*   M F N

Invariables

Retenez que les mots neutres empruntés à d'autres langues sont invariables. Ainsi, leur pluriel aura exactement la même forme qu'au singulier : **метро** [mitro], *métro* ; **пальто** [pal'to], *manteau*, etc.

 Mettez les mots suivants au pluriel.

a. окно [akno], *fenêtre* → ....

b. дерево [diériva], *arbre* → ....

c. место [miésta], *endroit* → ....

d. яблоко [iablaka], *pomme* → ....

e. перо [piro], *plume* → ....

f. имя [imia], *prénom* → ....

g. колесо [kalisso], *roue* → ....

h. лицо [litso], *visage* → ....

4 Reliez le singulier au pluriel correspondant et indiquez le genre du mot (M = masculin, F = féminin, N = neutre).

a. лоб [lop], *front*   M F N •

b. дочь [dotchʲ], *fille*   M F N •

c. зеркало [ziérkala], *miroir*   M F N •

d. день [diégne], *jour*   M F N •

e. человек [tchilaviék], *homme*   M F N •

f. сестра [sistra], *sœur*   M F N •

g. поезд [po-iést], *train*   M F N •

h. кольцо [kalʲtso], *anneau*   M F N •

i. этаж [ᵉtach], *étage*   M F N •

j. слово [slova], *parole*   M F N •

лбы

поезда

кольца

дочери

дни

слова

этажи

люди

сёстры

зеркала

5 Retrouvez le singulier des mots suivants. (Si l'accent n'est pas indiqué au début du mot au singulier, c'est qu'il est placé sur la terminaison.)

a. окна [okna], *fenêtres* → окн_

b. пальто [palʲto], *manteaux* → пальт_

c. моря [maria], *mers* → мор_

d. растения [rastiéni-ia], *plantes* → растени_

e. деревья [diriévia], *arbres* → дерев_

f. яблоки [iablaki], *pommes* → яблок_

6 Retrouvez les mots cachés dans la coquille de l'escargot en les séparant les uns des autres. Donnez la traduction et le genre des mots obtenus (M = masculin, F = féminin, N = neutre).

1. вечер, *soir* M

2. ....

3. ....

4. ....

5. ....

6. ....

7. ....

Les positions (sans l'idée de mouvement)

справа [sprava], *à droite*   впереди [fpiridi], *devant*
слева [sliéva], *à gauche*   сзади [zzadi], *derrière*
прямо [priama], *tout droit*   дома [doma], *à la maison*

7 **Mettez ces noms neutres au pluriel. Nous vous aidons avec l'accent tonique en l'indiquant s'il se déplace au pluriel.**

Ex. окно [akno], *fenêtre* – окна
мо́ре [morié], *mer* – моря́

a. полоте́нце [palatiéntsê], *serviette* ➜ полотенц_

b. зда́ние [zdani-ié], *bâtiment* ➜ здани_

c. расте́ние [rastiéni-ié], *plante* ➜ растени_

d. де́рево [diériva], *arbre* ➜ дерев__

e. муче́ние [moutchiéni-ié], *tourment* ➜ мучени_

8 **Répondez à ces questions en utilisant les images.**

a. Вот парк. А где папа? ➜ *Voici le parc. Et où est papa ?* – Он ....
➜ *Il est à gauche.*

b. Где они? ➜ *Où sont-ils ?* – Мальчик ...., а де́вочки ....
➜ *Le garçon est devant et les filles derrière.*

c. Где кот? = *Où est le chat ?* – Он .... ➜ *Il est à la maison.*

d. Вот здание, а где светофор? ➜ Voici l'immeuble, mais où est le feu tricolore ? –
Он .... ➜ Il est à droite.

a.   **b.**   **c.**   **d.**

Les adjectifs possessifs

Les possessifs russes sont assez simples. Leurs terminaisons ressemblent à celles des noms : **наш** [nach] (masculin se terminant par une consonne), **наша** [nacha] (féminin se terminant par **а**), **наше** [nachê] (neutre se terminant par **е**), **наши** [nachy] (pluriel se terminant par **и**).

Les possessifs de la troisième personne sont encore plus faciles – comme en anglais, ils se rapportent au possesseur de l'objet :
его сестра [yivo sistra], *sa sœur* (à lui)
его брат [yivo brat], *son frère* (à lui)
его окно [yivo akno], *sa fenêtre* (à lui)

Ainsi, en fonction du genre du possesseur, on emploie **его** (possesseur masculin), **её** (possesseur féminin), **их** (possesseur pluriel de tous les genres).

Pronom correspondant	Masculin	Féminin	Neutre	Pluriel
я [ia], *je, moi*	**мой** [moï], *mon*	**моя** [ma-ia], *ma*	**моё** [ma-io], *mon*	**мои** [ma-i], *mes*
ты [ty], *tu, toi*	**твой** [t-voï], *ton*	**твоя** [t-va-ia], *ta*	**твоё** [t-va-io], *ton*	**твои** [t-va-i], *tes*
он [on], *il, lui*	**его** [yivo], *son, sa*			
оно [ano], *il, lui* (neutre)	**его** [yivo], *son, sa*			
она [ana], *elle*	**её** [yi-io], *son, sa*			
мы [my], *nous*	**наш** [nach], *notre*	**наша** [nacha], *notre*	**наше** [nachê], *notre*	**наши** [nachy], *nos*
вы [vy], *vous*	**ваш** [vach], *votre*	**ваша** [vacha], *votre*	**ваше** [vachê], *votre*	**ваши** [vachy], *vos*
они [ani], *elles, eux*	**их** [iH], *leur*			

9 Reliez les possessifs et leur traduction.

a. мой
1. брат
2. окно
3. мама

b. твоё
1. стол
2. лицо
3. юбка

c. наши
1. полотенце
2. телефон
3. дети

d. ваши
1. проблемы
2. идея
3. конь

e. моя
1. день
2. удовольствие
3. дочь

f. твои
1. глаза
2. волос
3. рот

g. ваш
1. земля
2. паспорт
3. сестра

h. мои
1. книга
2. ребёнок
3. руки

10 Traduisez les expressions suivantes.

a. мой сын [moï syn] → ....

b. его бабушка [yi-vo babouchka] → ....

c. твои идеи [t-va-i idié-i] → ....

d. наше кафе [nachê kafê] → ....

e. её голос [yi-io golass] → ....

f. ваш учитель [vach outchitiél'] → ....

g. твой номер [t-voï nomiér] → ....

h. их дядя [iH diadia] → ....

i. моя фотография [ma-ia fatagrafi-ia] → ....

11 Faites la liste de quelques produits illustrés en choisissant les mots dans la liste ci-dessous.

- огурцы [agourtsy]
- помидоры [pamidory]
- чай [tchaï]
- молоко [malako]
- банан [banan]
- хлеб [Hliép]
- сыр [syr]

- арбуз [arbouss]
- курица [kouritsa]
- вино [vino]
- кабачки [kabatchki]
- картофель [kartofil']
- колбаса [kalbassa]

Bravo, vous êtes venu à bout du chapitre 8 ! Il est maintenant temps de comptabiliser les icônes et de reporter le résultat en page 128 pour l'évaluation finale.

9

L'accord en genre et en nombre de l'adjectif

Le genre de l'adjectif

Les adjectifs s'accordent en genre avec le nom qu'ils qualifient et se placent généralement devant celui-ci.

Tout comme les noms, les adjectifs russes ont trois genres. Le genre est désigné par la terminaison du mot.

Les adjectifs se divisent, d'après leur terminaison, en adjectifs « durs » et « mous » (comme les noms), et les terminaisons fonctionnent par paires.

> Notez que c'est la même logique que pour les noms et les adjectifs possessifs.

- Les adjectifs « durs » se terminent par **ый** au masculin, **ая** au féminin et **ое** au neutre.

Adjectifs « durs »

	Masculin	Féminin	Neutre
Rouge	**красный** [kr<u>a</u>snyï]	**красная** [kr<u>a</u>sna-ia]*	**красное** [kr<u>a</u>sna-ié]

* La terminaison des adjectifs se prononce de manière très atténuée. On a l'impression que les Russes « l'avalent ».

- Les adjectifs « mous » se terminent par **ий** au masculin, **яя** au féminin et **ee** au neutre.

Adjectifs « mous »

	Masculin	Féminin	Neutre
Bleu	**синий** [s<u>i</u>niï]	**синяя** [s<u>i</u>ni-ia]	**синее** [s<u>i</u>nié-ié]

Les adjectifs suivants sont-ils durs ou mous ? Cochez la case correspondante.

				Dur	Mou
a.	старый	[staryï]	vieux		
b.	летний	[liétniï]	d'été		
c.	умный	[oumnyï]	intelligent		
d.	последний	[pasliédniï]	dernier		
e.	большой	[balʲchoï]	grand		
f.	быстрый	[bystryï]	rapide		
g.	зимний	[zimniï]	hivernal		
h.	синий	[siniï]	bleu		
i.	древний	[driévniï]	ancien		
j.	весёлый	[vissiolyï]	gai		
k.	дальний	[dalʲniï]	lointain		
l.	интересный	[in-tiriésnyï]	intéressant		

Banque de mots

красный [krasnyï], *rouge*
белый [biélyï], *blanc*
чёрный [tchiornyï], *noire*
зелёный [zilionyï], *vert*

жёлтый [joltyï], *jaune*
голубой [galouboï], *bleu ciel*
коричневый [karitchnivyï], *marron*

Rappel

Dans les dictionnaires, vous trouverez les adjectifs au masculin et parfois les terminaisons du féminin et du neutre seront indiquées de la manière suivante : **хороший, -ая, -ее**.

N'oubliez pas la règle de l'incompatibilité orthographique (voir page 29) : **хороший** [Harochyï], *bon*.

Après une chuintante et **ц** dans la position accentuée de la terminaison, on écrit **ой** : **большой** [balʲchoï], *grand*.

2 Indiquez le genre des adjectifs (M = masculin, F = féminin, N = neutre). Pour rendre l'exercice plus intéressant, toutes les traductions françaises sont au masculin.

a. большой [bal'choï], *grand*   M **F** N

b. маленькая [maligne-ka-ia], *petit*   M **F** N

c. круглое [krougla-ié], *rond*   M **F** N

d. поздняя* [pozni-ia], *tardif*   M **F** N

e. соседний [sassiédniï], *voisin*   **M** F N

f. внешний [vniéchniï], *extérieur*   **M** F N

g. новая [nova-ia], *neuf*   M **F** N

h. длинное [dlinna-ié], *long*   M F **N**

i. вчерашнее [ftchirachnié-ié], *d'hier*   M F **N**

j. отличный [atlitchnyï], *excellent*   **M** F N

k. среднее [sriédnié-ié], *moyen*   M F **N**

l. весенняя [vissiénni-ia], *printanier*   M **F** N

* Attention, dans ce mot le **д** ne se prononce pas.

3 Attribuez au mot sous chaque image l'adjectif correspondant.

облако [oblaka], *nuage*

перчатка [pirtchatka], *gant*

мяч [miatch], *balle*

ведро [vidro], *seau*

• красный [krasnyï] •

• белое [biéla-ié] •

• чёрная [tchiorna-ia] •

• зелёный [zilionyï] •

• жёлтое* [jolta-ié] •

• голубая [galouba-ia] •

• коричневая [karitchniva-ia] •

кактус [kaktouss], *cactus*

дверь [dviér'], *porte*

собака [sabaka], *chien*

* La lettre **ж**, j, est toujours dure, donc le **ё**, io, se prononce **о**, o.

4 Accordez en genre les adjectifs suivants et lisez à voix haute les phrases que vous obtenez.
Ex. длинный [dlinnyï], *long* – длинная дорога [dlinna-ia daroga], *un long chemin*

a. новый [novyï], *nouveau* – нов _ _ галстук ➜ *une nouvelle cravate*

b. толстый [tolstyï], *gros* – толст _ _ шея ➜ *un gros cou*

c. домашний [damachniï], *domestique, de maison* –
домашн _ _ задание ➜ *un devoir à domicile*

d. надувной [nadouvnoï], *gonflable* – надувн _ _ лодка ➜ *une barque gonflable*

e. громкий [gromkiï], *fort* (pour un son) – громк _ _ звук ➜ *un bruit fort*

f. осенний [assiénniï], *d'automne* – осенн _ _ погода ➜ *un temps d'automne*

g. чёрный [tchiornyï], *noir* – чёрн _ _ такси ➜ *un taxi noir*

h. тихий [tiHiï], *tranquille* – тих _ _ улица ➜ *une rue tranquille*

i. больной [bal'noï], *malade* – больн _ _ собака ➜ *un chien malade*

j. нижний [nijniï], *du bas* – нижн _ _ полка ➜ *l'étagère du bas*

k. горячий [gariatchiï], *chaud* – горяч _ _ молоко ➜ *un lait chaud*

l. спелый [spiélyï], *mûr* – спел _ _ яблоко ➜ *une pomme mûre*

m. синий [siniï], *bleu* – син _ _ море ➜ *une mer bleue*

5 Lisez à voix haute ces faux amis.

магазин, *journal* ≠ *magasin*
журнал, *magazine* ≠ *journal*
бокал, *coupe, flûte* ≠ *bocal*
каникулы, *vacances* ≠ *canicule*
фамилия, *nom de famille* ≠ *famille*
компас, *boussole* ≠ *compas*
дебри, *forêt impénétrable* ≠ *débris*
талон, *ticket* ≠ *talon*
пароль, *mot de passe* ≠ *parole*

6 Complétez les traductions.

a. плох<u>о</u>й прогн<u>о</u>з [plaHoï pragnoss] → *mauvais pronostic*

.... н<u>о</u>вость → *mauvaise nouvelle*

b. м<u>и</u>лая ж<u>е</u>нщина [mila-ia jênschina] → *gentille dame*

он .... → *il est gentil*

c. б<u>е</u>лый дом [biélyï dom] → *maison blanche*

.... окн<u>о</u> → *fenêtre blanche*

d. зд<u>е</u>шнее пр<u>а</u>вило [zdiéchnié-ié pravila] → *règle locale* (d'ici)

он<u>а</u> .... → *elle est d'ici*

e. злой челов<u>е</u>к [zloï tchilaviék] → *une personne méchante*

.... соб<u>а</u>ка → *chien méchant*

f. бескон<u>е</u>чная ист<u>о</u>рия [biskaniétchna-ia istori-ia] → *histoire sans fin*

.... терп<u>е</u>ние → *patience infinie*

> Remarquez que l'accent reste inchangé au pluriel.

Le pluriel des adjectifs

C'est très simple : au pluriel, les adjectifs ont la même terminaison, quel que soit le genre. Seule différence : les adjectifs durs se terminent par **ые** et les mous, ainsi qu'en cas d'incompatibilité orthographique, par **ие**.

Adjectif dur	Adjectif mou	Incompatibilité orthographique
т<u>о</u>лстый [tolstyï], *gros* → **т<u>о</u>лстые** [tolsty-ié]	**хор<u>о</u>ший** [Harochyï], *bon* → **хор<u>о</u>шие** [Harochy-ié]	**с<u>и</u>ний** [siniï], *bleu* → **с<u>и</u>ние** [sini-ié]

7 Mettez les adjectifs suivants au pluriel.

a. л<u>и</u>шний [lichniï], *de trop* → л<u>и</u>шн _ _

b. пр<u>е</u>жний [priéjniï], *précédent* → пр<u>е</u>жн _ _

c. р<u>а</u>достный* [radasnyï], *joyeux* → р<u>а</u>достн _ _

d. выс<u>о</u>кий [vyssokiï], *haut* → выс<u>о</u>к _ _

e. гр<u>у</u>стный* [grousnyï], *triste* → гр<u>у</u>стн _ _

* Observez le groupe de lettres **стн** : la lettre **т** ne se prononce pas.

f. розовый [rozavyï], *rose* → розов _ _

g. ранний [ranniï], *matinal* → ранн _ _

h. большой [balʲchoï], *grand* → больш _ _

i. здоровый [zdarovyï], *sain* → здоров _ _

j. искренний [iskrinniï], *sincère* → искренн _ _

k. внутренний [vnoutrinniï], *intérieur* → внутренн _ _

l. худой [Houdoï], *mince* → худ _ _

8 Reliez les mots des deux colonnes.

a. деревянный [diriviannyï], *en bois* •

b. металлическая [mitalitchiska-ia], *métallique* •

c. высокое [vyssoka-ié], *haut* •

d. умный [oumnyï], *intelligent* •

e. жаркое [jarka-ié], *chaud* •

f. зелёный [zilionyï], *vert* •

g. свежая [sviéja-ia], *fraîche* •

h. личное [litchna-ié], *personnel* •

i. добрая [dobra-ia], *généreuse* •

• **1.** мальчик [malʲtchik], *garçon*

• **2.** мнение [mniéni-ié], *opinion*

• **3.** стол [stol], *table*

• **4.** лето [liéta], *été*

• **5.** лампа [lampa], *lampe*

• **6.** тётя [tiotia], *tante*

• **7.** газета [gaziéta], *journal*

• **8.** дерево [diériva], *arbre*

• **9.** крокодил [krakadil], *crocodile*

Les mois de l'année

янва́рь [yinvarʲ], *janvier*
февра́ль [fivralʲ], *février*
март [mart], *mars*
апре́ль [apriélʲ], *avril*
май [maï], *mai*
ию́нь [i-iougne], *juin*

ию́ль [i-ioulʲ], *juillet*
а́вгуст [avgoust], *août*
сентя́брь [sintiabrʲ], *septembre*
октя́брь [aktiabrʲ], *octobre*
ноя́брь [na-iabrʲ], *novembre*
дека́брь [dikabrʲ], *décembre*

9 Construisez des phrases en utilisant les mots proposés et en les accordant quand il le faut.

Ex. большой, она, девочка – Она большая девочка
→ *C'est une grande fille*

a. день, Сегодня, хороший – ....
→ *Aujourd'hui c'est un bon jour.*

b. интересный, Это, книга – ....
→ *C'est un livre intéressant.*

c. молодой, Вы, студент, кто? я – ....
→ *Qui êtes-vous ? Je suis un jeune étudiant.*

d. она, младшая, твоя, Да, Это, сестра?, это – ....
→ *C'est ta petite sœur ? Oui, c'est elle.*

10 Mettez les expressions suivantes au pluriel. N'oubliez pas les mots irréguliers ainsi que la règle de l'incompatibilité orthographique.

Ex. большой театр → *grand théâtre* – большие театры

a. спокойный ребёнок → *un enfant calme* – ....

b. весёлая песня → *un chant joyeux* – ....

c. овальное зеркало → *un miroir ovale* – ....

d. правильный адрес → *une adresse correcte* – ....

e. тёмная ночь → *une nuit sombre* – ....

f. холодное море → *une mer froide* – ....

g. умная сестра → *une sœur intelligente* – ....

h. мой номер → *mon numéro* – ....

i. великолепный музей → *un musée magnifique* – ....

j. добрый человек → *un homme bon* – ....

Bravo, vous êtes venu à bout du chapitre 9 ! Il est maintenant temps de comptabiliser les icônes et de reporter le résultat en page 128 pour l'évaluation finale.

10

Le verbe au présent et la conjugaison du premier groupe

Le présent : conjugaison du premier groupe

- Le système verbal russe est assez simple, il n'y a que trois temps : le présent, le passé et le futur (simple ou composé).

- Les verbes ont deux conjugaisons. Les verbes appartenant à la première conjugaison se distinguent en se terminant par **ешь** à la deuxième personne du singulier et par **ут** ou **ют** à la troisième personne du pluriel. Pour les conjuguer, il suffit d'enlever la terminaison du verbe à l'infinitif et d'ajouter les terminaisons suivantes.

Verbes au présent appartenant à la première conjugaison

делать [diélatˢ], *faire*	**идти** [itti], *marcher, aller*
я дела**ю** [ia diéla-iou], *je fais*	ид**у** [idou], *je vais*
ты дела**ешь** [ty diéla-iéch], *tu fais*	ид**ёшь** [idioch], *tu vas*
он/она/оно дела**ет** [on/ana/ano diéla-iét], il/elle/il fait	ид**ёт** [idiot], *il/elle/il va*
мы дела**ем** [my diéla-iém], *nous faisons*	ид**ём** [idiom], *nous allons*
вы дела**ете** [vy diéla-iétié], *vous faites*	ид**ёте** [idiotié], *vous allez*
они дела**ют** [ani diéla-iout], ils/elles font	ид**ут** [idout], *ils/elles vont*

- Remarquez que la première personne du singulier et la troisième personne du pluriel ont une terminaison comprenant la même lettre : **ю** – **ют** / **у** – **ут**.

- Sachez que dans les dictionnaires, **e** et **ё** sont placés dans le même paragraphe, car ils ont été considérés pendant très longtemps comme des variantes d'une seule lettre. Voilà pourquoi ici, **ё** n'est qu'une variante de **e** ; le verbe **идти** appartient donc également à la première conjugaison.

1 **Ajoutez les terminaisons des verbes en fonction du sujet.**

a. читать [tchitat^s], *lire*

   1. ты чита _ _ _

   2. мы чита _ _

   3. они чита _ _

b. играть [igrat^s], *jouer*

   1. он игра _ _

   2. ты игра _ _ _

   3. вы игра _ _ _

c. работать [rabotat^s], *travailler*

   1. ты работа _ _ _

   2. она работа _ _

   3. они работа _ _

d. покупать [pakoupat^s], *acheter*

   1. я покупа _

   2. он покупа _ _

   3. ты покупа _ _ _

e. думать [doumat^s], *réfléchir*

   1. ты дума _ _ _

   2. вы дума _ _ _

   3. он дума _ _

f. знать [znat^s], *connaître, savoir*

   1. я зна _

   2. мы зна _ _

   3. они зна _ _

g. решать [richat^s], *décider*

   1. ты реша _ _ _

   2. вы реша _ _ _

   3. она реша _ _

h. ругать [rougat^s], *gronder*

   1. я руга _

   2. они руга _ _

   3. вы руга _ _ _

2 **Retrouvez la bonne terminaison au bout du labyrinthe et déduisez le pronom correspondant.**

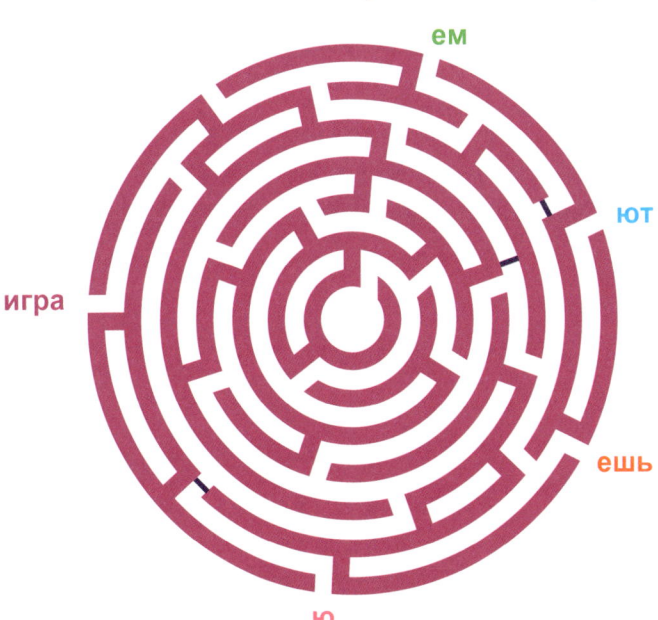

3 Accordez les verbes entre parenthèses avec les pronoms.

a. ты (идти)   → ....

b. он (делать)   → ....

c. я (решать)   → ....

d. мы (ругать)   → ....

e. она (думать)   → ....

f. вы (покупать)   → ....

g. оно (работать) → ....

h. они (идти)   → ....

4 Complétez les verbes.

читать [tchitat^s], *lire*
Ex. **я читаю** [tchita-iou]

a. ты чита _ _ _ [tchita-iéch]

b. он чита _ _ [tchita-iét]

c. мы чита _ _ [tchita-iém]

d. вы чита _ _ _ [tchita-iétié]

e. они чита _ _ [tchita-iout]

нести [nisti], *porter*
Ex. **они несут** [nissout]

f. я нес _ [nissou]

g. _ _ несёшь [nissioch]

h. он нес _ _ [nissiot]

i. мы нес _ _ [nissiom]

j. вы нес _ _ _ [nissiotié]

> Tout comme en français, si deux noms sont de genres différents, le pluriel qui les réunit s'accorde au masculin.

5 Terminez les phrases d'après le modèle.
Ex. Олег учитель. [aliék outchitil^i] → *Oleg est instituteur.*
Татьяна тоже учительница. [tatiana tojê outchitil^initsa] → *Tatiana est aussi institutrice.*
Они учителя. → *Ils sont instituteurs.*

a. Стас врач. [stass vratch] → *Stasse est médecin.* Анна тоже врач. [anna tojê vratch]
→ *Anna est aussi médecin.* Они .... → *Ils sont médecins.*

b. Максим студент. [maksim stoudiént] → *Maxime est étudiant.* Рита тоже студентка.
[rita tojê stoudiéntka] → *Rita est aussi étudiante.* Они .... → *Ils sont étudiants.*

c. Игорь журналист. [ig^ar^i journalist] → *Igor est journaliste.* Вера тоже журналистка.
[viéra tojê journalistka] → *Véra est aussi journaliste.* Они .... → *Ils sont journalistes.*

d. Иван актёр. [iva-n aktior] → *Ivan est acteur.* Елена тоже актриса. [yiliéna tojê
aktrissa] → *Elena est aussi actrice.* Они .... → *Ils sont acteurs.*

6 Chassez l'intrus ! Composez des paires avec les pronoms et les verbes suivants, jusqu'au dernier mot qui se retrouve tout seul.

~~они~~   знает   я   пишет   они   делаем

он   несёшь   она   ~~решают~~   думаешь   они

вы   читаете   играют   ты   идут

думают   решаю   ты   они

они-решают

7 Mettez les phrases du premier bloc au pluriel et celles du second bloc au singulier.

1

a. Я иду. [ia idou] : *Je marche.* ➜ .... : *Nous marchons.*

b. Он работает. [on rabota-iét] : *Il travaille.* ➜ .... : *Ils travaillent.*

c. Ты читаешь. [ty tchita-iéch] : *Tu lis.* ➜ .... : *Vous lisez.*

d. Она делает. [ana diéla-iét] : *Elle fait.* ➜ .... : *Elles font.*

2

a. Вы решаете. [vy richa-itié] : *Vous décidez.* ➜ .... : *Tu décides.*

b. Они играют. [ani igra-iout] : *Ils jouent.* ➜ .... : *Il joue.*

c. Они думают. [ani douma-iout] : *Elles réfléchissent.* ➜ .... : *Elle réfléchit.*

d. Мы несём. [my nissiom] : *Nous portons.* ➜ .... : *Je porte.*

8 Reliez les mots masculins et féminins correspondants.

a. китаец [kita-iéts], *Chinois* •

b. кассир [kassir], *caissier* •

c. певец [piviéts], *chanteur* •

d. отец [atiéts], *père* •

e. официант [afitsant], *serveur* •

f. внук [vnouk], *petit-fils* •

g. дочь [dotchⁱ], *fille* •

h. актёр [aktior], *acteur* •

• **1.** кассирша [kassircha]

• **2.** сын [syn]

• **3.** мать [matˢ]

• **4.** китаянка [kita-ianka]

• **5.** внучка [vnoutchⁱka]

• **6.** актриса [aktrissa]

• **7.** певица [pivitsa]

• **8.** официантка [afitsantka]

Les conjonctions de coordination

Les conjonctions **и** et **а** se traduisent en français par *et*. Néanmoins, il y a une différence entre les deux : **и** relie des noms ou actions similaires alors que **а** exprime l'idée d'opposition ou de contraste et pourra même se traduire par *mais*.

N'oublions pas que le vrai *mais* existe également : **но**.

9 Complétez les phrases suivantes.

a. Мы ...., а вы поёте.
→ Nous lisons et vous chantez.

b. Ты ...., но ничего не понимаешь.
→ Tu écoutes mais ne comprends rien.

c. Я .... всё, а ты – ничего.
→ Je fais tout et toi, rien.

d. Он .... и ....
→ Il réfléchit et décide.

10 **Transformez les phrases selon le modèle.**
Ex. Это мой брат. [êta moï brat] → *C'est mon frère.*
Это мои братья. → *Ce sont mes frères.*

a. Это наш ребёнок. [êta nach ribionak] → *C'est notre enfant.*
.... → *Ce sont nos enfants.*

b. Это твой поезд. [êta t-voï po-iést] → *C'est ton train.*
.... → *Ce sont tes trains.*

c. Это его планшет. [êta yivo planchêt] → *C'est sa tablette.*
.... → *Ce sont ses tablettes.*

d. Это моя идея. [êta mai-ia idié-ia] → *C'est mon idée.*
.... → *Ce sont mes idées.*

e. Это ваша проблема. [êta vacha prabliéma] → *C'est votre problème.*
.... → *Ce sont vos problèmes.*

f. Это их путь. [êta iH pout^s] → *C'est leur chemin.*
.... → *Ce sont leurs chemins.*

g. Это её зеркало. [êta yi-io ziérkala] → *C'est son miroir.*
.... → *Ce sont ses miroirs.*

h. Это ваш галстук. [êta vach galstouk] → *C'est votre cravate.*
.... → *Ce sont vos cravates.*

Bravo, vous êtes venu à bout
du chapitre 10 ! Il est maintenant
temps de comptabiliser les icônes
et de reporter le résultat en
page 128 pour l'évaluation finale.

11

La conjugaison du deuxième groupe
Les chiffres

Le présent : conjugaison du deuxième groupe

Les verbes appartenant à la deuxième conjugaison se terminent par **ишь** à la deuxième personne du singulier et par **ат** ou **ят** à la troisième personne du pluriel.

Verbes au présent appartenant à la deuxième conjugaison

говорить [gavarit^s], *parler*	**слышать** [slychat^s], *entendre*
я говор**ю** [ia gavar-<u>iou</u>], *je parle*	слыш**у** [sl<u>y</u>chou], *j'entends*
ты говор**ишь** [ty gavar<u>i</u>ch], *tu parles*	слыш**ишь** [sl<u>y</u>chych], *tu entends*
он/она/оно говор**ит** [on/an<u>a</u>/an<u>o</u> gavar<u>i</u>t], *il/elle/il parle*	слыш**ит** [sl<u>y</u>chyt], *il entend*
мы говор**им** [my gavar<u>i</u>m], *nous parlons*	слыш**им** [sl<u>y</u>chym], *nous entendons*
вы говор**ите** [vy gavar<u>i</u>tié], *vous parlez*	слыш**ите** [sl<u>y</u>chytié], *vous entendez*
они говор**ят** [an<u>i</u> gavar<u>ia</u>t], *ils/elles parlent*	слыш**ат** [sl<u>y</u>chat], *ils/elles entendent*

L'accent tonique peut se déplacer dans les mots lors de la déclinaison ou de la conjugaison. Pour vous faciliter la tâche, nous avons souligné les accents toniques des verbes conjugués dans les exercices ci-dessous.

I Accordez les verbes à la forme voulue.

a. держать [d<u>i</u>rjat^s], *tenir*
1. я держ _
2. он держ _ _
3. он<u>о</u> держ _ _

b. говор<u>и</u>ть [gavar<u>i</u>t^s], *parler*
1. мы говор _ _
2. ты говор _ _ _
3. он<u>а</u> говор _ _

c. смотр<u>е</u>ть [smatriét^s], *regarder*
1. вы см<u>о</u>тр _ _ _
2. он см<u>о</u>тр _ _
3. он<u>и</u> см<u>о</u>тр _ _

d. дыш<u>а</u>ть [dychat^s], *respirer*
1. мы дыш _ _
2. он<u>и</u> дыш _ _
3. я дыш _

e. лежать [lijat^s], *être couché*
  1. ты леж _ _ _
  2. вы леж _ _ _
  3. она леж _ _

f. любить [lioubit^s], *aimer*
  1. мы люб _ _
  2. ты люб _ _ _
  3. я любл _

g. видеть [vidiét^s], *voir*
  1. вы вид _ _ _
  2. я виж _
  3. они вид _ _

h. слышать [slychat^s], *entendre*
  1. я слыш _
  2. ты слыш _ _ _
  3. он слыш _ _

2 Trouvez le bon verbe pour chaque image.

a. я _ _ _ _ _ ю
[ia gavariou], *Je parle.*

b. она _ _ _ ит цветы
[ana lioubit tsvity],
Elle aime les fleurs.

c. он _ _ _ _ _ ит на них
[on smotrit na niH],
Il les regarde.

3 Complétez les verbes.

верить [viérit^s], *croire*
Ex. **я верю** [viériou]

a. ты вер _ _ _ [viérich]

b. он вер _ _ [viérit]

c. мы вер _ _ [viérim]

d. вы вер _ _ _ [viéritié]

e. они вер _ _ [viériat]

учить [outchit^s], *apprendre*
Ex. **они учат** [outchat]

a. я уч _ [outchiou]

b. ты уч _ _ _ [outchich]

c. он уч _ _ [outchit]

d. мы уч _ _ [outchim]

e. вы уч _ _ _ [outchitié]

Complétez les verbes avec les lettres manquantes.

[vijou]	в	и			у	**a.** *je vois*
[viériat]	в	е	р		т	**b.** *ils croient*
[slychyt]	с	л		ш	и	т	**c.** *il/elle entend*
[gavarim]	г	о	в	о	р	и	**d.** *nous parlons*
[smotrich]	с	м	о	т		и	ш	ь	**e.** *tu regardes*

Banque de mots

здорово! [zdorava], *chouette !*

ух ты! [ouH ty], *waouh !*

ура! [oura], *hourra !*

супер! [soupiér], *super !*

давай! [dava-ï], *d'accord ! on y va ! vas-y !*

какой ужас! [kako-ï oujass], *quelle horreur !*

отлично! [atlitchna], *parfait ! génial !*

смотри! [smatri], *regarde !*

 Accordez les verbes et traduisez les phrases obtenues.

a. Я смотрю телевизор. [ia smatriou tilivizar], *Je regarde la télé.*

→ ты смотр _ _ _ → ....

b. Он держит ключи. [on diérjyt klioutchi], *Il tient les clés.*

→ они держ _ _ → ....

c. Мы слышим их. [my slychym iH], *Nous les entendons.*

→ вы слыш _ _ _ → ....

d. Она всё видит. [ana fsio vidit], *Elle voit tout.*

→ они всё вид _ _ → ....

e. Я люблю вас. [ia lioubliou vass], *Je vous aime.*

→ мы люб _ _ → ....

Reliez les phrases à leur traduction.

1. Он слышит •
2. Бабушка читает •
3. Студенты говорят •
4. Куда ты идёшь? •
5. Он решает •
6. Мы любим бананы •
7. Что вы делаете? •
8. Дети играют •

• **a.** *La grand-mère lit.*
• **b.** *Nous aimons les bananes.*
• **c.** *Où vas-tu ?*
• **d.** *Les enfants jouent.*
• **e.** *Il entend.*
• **f.** *Que faites-vous ?*
• **g.** *Les étudiants parlent.*
• **h.** *Il décide.*

Les chiffres

• En russe, le chiffre **1** [adin] s'accorde en genre et… en nombre !
Ainsi dira-t-on :
одна (féminin) **вилка** [adna vilka] ➜ *une fourchette*
один (masculin) **стакан** [adin staka-n] ➜ *un verre*
одно (neutre) **окно** [adno akno] ➜ *une fenêtre*

Au pluriel, le mot change légèrement de sens :
дети одни (pluriel) **дома** [diéti adni doma] ➜ *Les enfants sont seuls à la maison.*

• Le chiffre **2** [dva] s'accorde également, mais seulement en genre :
две (féminin) **бабочки** [dvié babatchki] ➜ *deux papillons*
два (masculin) **стола** [dva stala] ➜ *deux tables*
Les autres chiffres se comportent d'une manière habituelle.

 Lisez les chiffres à voix haute.

a. один, *un*
b. два, *deux*
c. три, *trois*
d. четыре, *quatre*
e. пять, *cinq*
f. шесть, *six*
g. семь, *sept*
h. восемь, *huit*
i. девять, *neuf*
j. десять, *dix*
k. ноль, *zéro*

8 Accordez les chiffres quand c'est nécessaire.

a. (два) муз**е**я = *deux musées* → ....

b. (пять) рек = *cinq fleuves* → ....

c. (од**и**н) пр**а**вило = *une règle* → ....

d. (два) д**е**вочки = *deux filles* → ....

e. (три) сестры = *trois sœurs* → ....

f. (од**и**н) д**о**ма = *seuls à la maison* → ....

g. (семь) дней нед**е**ли = *sept jours de la semaine* → ....

h. (од**и**н) усл**о**вие = *une condition* → ....

9 Accordez le verbe et le sujet.

a. М**а**льчик (лежать) на див**а**не [m**a**ltchik lij**y**t na divanié] = *Le garçon est couché sur le divan.* → ....

b. Л**ю**ди (слышать) шум [li**o**udi sl**y**chat choum] = *Les gens entendent un bruit.*
→ ....

c. Что вы (говорить)? [chto vy gavar**i**tié] = *Que dites-vous ?*
→ ....

d. Пож**а**рные (видеть) дым [paj**a**rnyié v**i**diat dym] = *Les pompiers voient la fumée.*
→ ....

e. С**о**лнце (светить) в облак**а**х [s**o**ntsê svi**é**tit vablaka**H**] = *Le soleil rayonne dans les nuages.* → ....

f. Я (любить) теб**я**! [ia li**o**ubli**o**u tib**ia**] = *Je t'aime !*
→ ....

g. Он**и** всё (знать) [an**i** fsio zna-iout] = *Ils savent tout.*
→ ....

Remplissez les bassines avec les verbes, en les classant par groupes.

знать   любить   писать   играть   слышать   держать   делать
думать   говорить   учить   работать   смотреть   идти   видеть

1er groupe

2e groupe

 À ce stade, vous connaissez plusieurs mots de vocabulaire et vous maîtrisez plusieurs notions grammaticales. Lancez-vous dans cet exercice de traduction ! Et si certains mots vous manquent, essayez de les deviner.

Traduisez les phrases suivantes.

a. Актёр играет на сцене. [aktior igraiét na stsênié]

➜ ....

b. Ты читаешь интересную книгу. [ty tchita-iéch in-tiriésnou-iou knigou]

➜ ....

c. Вот телефон. – Спасибо! [vot tilifon spassi-ba]

➜ ....

d. Куда вы идёте завтра? [kouda vy idiotié zaftra]

➜ ....

e. Сегодня холодное море. [sivodnia Halodna-ié morié]

➜ ....

Bravo, vous êtes venu à bout du chapitre 11 ! Il est maintenant temps de comptabiliser les icônes et de reporter le résultat en page 128 pour l'évaluation finale.

12

La négation – Le verbe être
Les verbes réfléchis – Les ordinaux

La négation

La particule négative **не** [nié] se place directement devant le mot sur lequel porte la négation.

это не соба́ка [êta ni-sabaka] ➜ *Ce n'est pas un chien.*

я э́то не зна́ю [ia êta nizna-iou] ➜ *Je ne sais pas ça.*

не я э́то зна́ю [ni-ia êta zna-iou] ➜ *Ce n'est pas moi qui sais ça.*

я зна́ю не э́то [ia zna-iou ni-êta] ➜ *Ce n'est pas ça que je sais* (mais autre chose).

La particule se prononce comme un seul mot avec le mot suivant et n'est pas accentuée, sauf quand elle précède le verbe *être* au passé dans les phrases impersonnelles. Par exemple : **не́ было све́та** [niébyla sviéta] ➜ *Il n'y avait pas de lumière* (littéralement : *n'était lumière*).

I Mettez les phrases suivantes à la forme négative.

a. Э́то си́нее окно́. [êta sinié-ié akno] ➜ *C'est une fenêtre bleue.*

...., а кра́сное.

   ➜ *Ce n'est pas une fenêtre bleue mais rouge.*

b. Э́то их дочь. [êta iH dotchi] ➜ C'est leur fille.

.... ➜ *Ce n'est pas leur fille.*

c. Я ви́жу Ма́шу. [ia vijou machou] ➜ Je vois Macha.

.... ➜ *Je ne vois pas Macha.*

d. Я ви́жу Ма́шу. [ia vijou machou] ➜ Je vois Macha.

.... ➜ *Ce n'est pas Macha que je vois.*

Le verbe быть, *être*

- Le verbe **быть** [byt^s], *être*, n'est pas marqué au présent (**кто ты?** [kto ty], *qui es-tu ?* (littéralement : *qui tu ?*), sauf la troisième personne du singulier **есть** qui marque la présence de quelque chose : **есть новости?** [iést^s novasti] ➔ *Y a-t-il des nouvelles ?* (littéralement : *est nouvelles ?*) ; **у меня есть время** [ou min<u>i</u>a iest^s vriémia] ➔ *J'ai le temps* (littéralement : *chez moi est le temps*).

- Pour mettre une phrase avec **есть** à la forme négative, on remplace **есть** par le mot **нет** [niét], *non*, suivi du nom décliné au génitif.

- Le verbe **быть** est très utile au passé et au futur car il participe à la formation de certaines structures composées.

Le verbe быть au futur

La conjugaison au futur reprend les terminaisons du présent de la première conjugaison avec la base irrégulière **буд**.

быть [byt^s], *être*

я буду [ia b<u>o</u>udou]

ты будешь [ty boud^{ié} ch]

он/она/оно будет [on/an<u>a</u>/an<u>o</u> boud^{ié}t]

мы будем [my boud^{ié}m]

вы будете [vy boud^{ié}tié]

они будут [an<u>i</u> boudout]

> Rappelez-vous que les lettres en exposant nous signalent la prononciation très atténuée du son.

Le verbe быть au passé

Le passé du verbe **быть** est simple : il reprend les terminaisons des noms !

On ajoute à la base **был** (le passé masculin) **а** pour le féminin, **о** pour le neutre et **и** pour le pluriel. Facile, n'est-ce pas ?

быть [byt^s], *être*

был [byl] (masculin)

была [byl<u>a</u>] (féminin)

было [byl^a] (neutre)

были [b<u>y</u>li] (pluriel)

2 Complétez les phrases suivantes.

a. У нег<u>о</u> ☐☐☐☐ ☐☐☐☐. [ou niv<u>o</u> iést^s brat] → *Il a un frère.*

b. ☐☐☐☐☐ ☐☐☐☐. Мн<u>о</u>го люд<u>е</u>й [zdiéssⁱ iést^s mn<u>o</u>ga lioudi<u>é</u>ï] → *Ici, il y a beaucoup de gens.*

c. ☐☐☐☐ есть ☐☐☐☐. [d<u>o</u>ma iést^s Hliép] → *Il y a du [le] pain à la maison.*

d. У мен<u>я</u> ☐☐☐☐ ☐☐☐☐☐☐. [ou min<u>i</u>a iést^s sab<u>a</u>ka] → *J'ai un chien.*

e. ☐☐☐☐☐ есть ☐☐☐☐? [zdiéssⁱ iést^s vad<u>a</u>] → *Ici, y a-t-il de l'eau ?*

f. В н<u>е</u>бе есть ☐☐☐☐☐☐. [vni<u>é</u>bié iést^s zvi<u>o</u>zdy] → *Il y a des étoiles dans le ciel.*

g. Там ☐☐☐ дождя. [tam niét dajd<u>i</u>a] → *Il n'y a pas de pluie.*

h. ☐☐☐☐☐☐☐ в прогр<u>а</u>мме есть ☐☐☐☐☐. [siv<u>o</u>dnia fpragramié iést^s film] → *Aujourd'hui, il y a un film au programme.*

3 Choisissez la bonne forme du verbe pour chaque image.

a. был   **b.** была   **c.** было   **d.** были

Accordez le verbe avec le sujet.

a. <u>Э</u>то (быть) .... вес<u>ё</u>лый пр<u>а</u>здник. [<u>ê</u>ta b<u>ou</u>d^{ié}t vis<u>io</u>lyï pr<u>a</u>znik]
→ *Ce sera une fête joyeuse.*

b. Гд<u>е</u> ты (быть) .... п<u>о</u>сле? [gd<u>ié</u> ty b<u>ou</u>d^{ié}ch p<u>o</u>slié] → *Où seras-tu après ?*

c. В ср<u>е</u>ду мы (быть) .... в Москв<u>е</u>. [fsr<u>ié</u>dou my b<u>ou</u>d^{ié}m vmaskv<u>ié</u>]
→ *Mercredi, nous serons à Moscou.*

d. Сег<u>о</u>дня в<u>е</u>чером он<u>и</u> (быть) .... д<u>о</u>ма. [siv<u>o</u>dnia v<u>ié</u>tchirom an<u>i</u> b<u>ou</u>dout d<u>o</u>ma]
→ *Ce soir, ils seront à la maison.*

e. З<u>а</u>втра (быть) .... хор<u>о</u>шая пог<u>о</u>да. [z<u>a</u>ftra b<u>ou</u>d^{ié}t Har<u>o</u>cha-ia pag<u>o</u>da]
→ *Demain, il fera beau.*

f. Я всегд<u>а</u> (быть) .... с тоб<u>о</u>й. [ia fsigd<u>a</u> b<u>ou</u>dou stab<u>o</u>ï]
→ *Je serai toujours avec toi.*

Les verbes réfléchis

Les verbes réfléchis ont la même conjugaison que les verbes non réfléchis. Pour former un verbe réfléchi, on ajoute au verbe conjugué (au présent, au passé ou au futur) la terminaison **ся** (si le verbe se termine par une consonne) ou **сь** (si le verbe se termine par une voyelle).

руг<u>а</u>ться [roug<u>a</u>tsa], *se disputer, jurer*	**держ<u>а</u>ться** [dirj<u>a</u>tsa], *se tenir, tenir bon*
я руг<u>а</u>ю + сь [ia roug<u>a</u>-ioussⁱ], *je me dispute*	**держ<u>у</u> + сь** [dirj<u>ou</u>ssⁱ], *je me tiens*
ты руг<u>а</u>ешь + ся [ty roug<u>a</u>-ichsia], *tu te disputes*	**д<u>е</u>ржишь + ся** [di<u>é</u>rjychsia], *tu te tiens*
он/он<u>а</u>/он<u>о</u> руг<u>а</u>ет + ся [on/an<u>a</u>/an<u>o</u> roug<u>a</u>-itsa], *il/elle/il se dispute*	**д<u>е</u>ржит + ся** [di<u>é</u>rjytsa], *il/elle/il se tient*
мы руг<u>а</u>ем + ся [my roug<u>a</u>-imsia], *nous nous disputons*	**д<u>е</u>ржим + ся** [di<u>é</u>rjymsia], *nous nous tenons*
вы руг<u>а</u>ете + сь [vy roug<u>a</u>-iétiéssⁱ], *vous vous disputez*	**д<u>е</u>ржите + сь** [di<u>é</u>rjytiéssⁱ], *vous vous tenez*
он<u>и</u> руг<u>а</u>ют + ся [an<u>i</u> roug<u>a</u>-ioutsa], *ils/elles se disputent*	**держ<u>а</u>т + ся** [di<u>é</u>rjatsa], *ils/elles se tiennent*

Mettez la bonne terminaison.

a. делаться [diélatsa], *se faire*
 1. я делаю _ _
 2. оно делает _ _
 3. они делают _ _

b. обидеться [abidiétsa], *se vexer*
 1. мы обидим _ _
 2. они обидят _ _
 3. я обижу _ _

c. решаться [richatsa], *se décider*
 1. ты решаешь _ _
 2. вы решаете _ _
 3. она решает _ _

d. лечиться [litchitsa], *étudier, apprendre*
 1. я лечу _ _
 2. они лечат _ _
 3. он лечит _ _

e. слушаться [slouchatsa], *obéir*
 1. мы слушаем _ _
 2. ты слушаешь _ _
 3. я слушаю _ _

f. видеться [vidiétsa], *se voir*
 1. вы видете _ _
 2. я вижу _ _
 3. они видят _ _

g. договориться [dagavaritsa], *se mettre d'accord, s'entendre*
 1. я договорю _ _
 2. ты договоришь _ _
 3. мы договорим _ _

h. учиться [outchitsa], *étudier, apprendre*
 1. я учу _ _
 2. он учит _ _
 3. вы учите _ _

6 **Reliez les mots à leur traduction.**

1. учить •
2. ругаться •
3. дышать •
4. слышать •
5. обидеться •
6. писаться •
7. ругать •
8. читать •

• **a.** *entendre*
• **b.** *lire*
• **c.** *se vexer*
• **d.** *respirer*
• **e.** *se disputer*
• **f.** *apprendre*
• **g.** *gronder*
• **h.** *s'écrire*

Banque de mots

тихо [tiHa], *doucement*
громко [gromka], *bruyamment*
важно [vajna], *important*
поздно [pozna], *tard*
рано [rana], *tôt*
раньше [ragnechê], *plus tôt*
позже [pojjê], *plus tard*
трудно [troudna], *difficilement, dur*
легко [liHko], *facile, légèrement*
очень [otchigne], *très*

7 Traduisez les phrases suivantes.

a. Алло! Кто говорит? [alo kto gavarit]

→ ....

b. Это очень важно! [êta otchigne vajna]

→ ....

c. Почему он весёлый? [patchimou on vissiolyï]

→ ....

d. Всё будет хорошо. [fsio boud^{iè}t Haracho]

→ ....

e. Где кофе? [gdié kofié]

→ ....

f. Он – японец, а она – американка. [on yiponiéts aana amiérikanka]

→ ....

g. Дети идут прямо. [diéti idout priama]

→ ....

h. Это ваша проблема. [êta vacha prabliéma]

→ ....

8 Choisissez la bonne forme verbale.

a. Олег … в театр,
Oleg va au théâtre.
1. иду
2. идёт
3. смотрит

b. Я … детей,
Je gronde les enfants.
1. ругаюсь
2. ругаемся
3. ругаю

c. Они …,
Ils respirent.
1. дышат
2. говорит
3. работают

d. Я вам …,
Je vous crois.
1. верю
2. веришь
3. вижу

e. Ты … нож,
Tu tiens un couteau.
1. держиш
2. держишь
3. держит

f. Мы … жизнь,
Nous aimons la vie.
1. люблю
2. любите
3. любим

g. Мои родители много …, *Mes parents travaillent beaucoup.*
1. делают
2. работают
3. читают

Les ordinaux

- Les ordinaux ont les mêmes terminaisons que les adjectifs. Pour en former un, il faut enlever le signe mou d'un cardinal et ajouter une des terminaisons adjectivales : **пять** [piat͡ç], *cinq* – **пят** + **ый** ➜ **пятый** [p͟iatyï], *cinquième*.

- Tout comme les adjectifs, les ordinaux s'accordent avec le nom en genre et nombre. Ils se déclinent également : **пятый** (masculin), **пятая** (féminin), **пятое** (neutre), **пятые** (pluriel). La forme du pluriel est la même pour les trois genres.

- Le cardinal **три** forme un ordinal un peu différent : **третий** [tri͟étiï] ; **третья** [tri͟ét͡ç-ia] ; **третье** [tri͟ét͡ç-ié] ; **третьи** [tri͟ét͡ç-yi].

- L'accent tonique est final dans les ordinaux suivants : **нулевой** [noulivoï], *nulle*, *zéro* ; **второй** [ftaroï], *deuxième* ; **шестой** [chyst͟oï], *sixième* ; **седьмой** [sid͡ımoï], *septième* ; **восьмой** [vass͡ımoï], *huitième*.

9 Accordez les ordinaux avec les noms.

a. пят _ _ ряд ➜ *cinquième rangée*

b. перв _ _ книга ➜ *premier livre*

c. трет _ _ сестра ➜ *troisième sœur*

d. нулев _ _ километр ➜ *kilomètre zéro*

e. шест _ _ перчатки ➜ *sixièmes gants*

f. втор _ _ чтение ➜ *deuxième lecture*

g. восьм _ _ раз ➜ *huitième fois*

h. десят _ _ человек ➜ *dixième personne*

i. четвёрт _ _ здание ➜ *quatrième bâtiment*

j. седьм _ _ небо ➜ *septième ciel*

10 Conjuguez le verbe à la forme voulue. Ex. Ты идёшь [ty idioch] – Он идёт

a. Вы играете [vy igra-iétié] ➜ Ты ....

b. Мы любим [my lioubim] ➜ Я ....

c. Он говорит [on gavarit] ➜ Они ....

d. Они слушают [ani sloucha-iout] ➜ Он ....

e. Ты видишь [ty vidich] ➜ Я ....

f. Я думаю [ia douma-iou] ➜ Вы ....

Bravo, vous êtes venu à bout du chapitre 12 ! Il est maintenant temps de comptabiliser les icônes et de reporter le résultat en page 128 pour l'évaluation finale.

13

Les verbes de position
Verbes perfectifs et imperfectifs

Les verbes de position : les objets

En russe, certains verbes permettent de situer un objet dans l'espace. Ainsi, le choix du verbe est conditionné par le positionnement de l'objet : si l'on pose l'objet horizontalement, on utilisera le verbe **класть** [klast^s], *mettre horizontalement* ; pour un objet que l'on pose verticalement, on dira **ставить** [stavit^s], *mettre verticalement* ; si l'on suspend quelque chose, on utilisera **в**е**шать** [viéchat^s], *mettre en accrochant, suspendre*.

- Le verbe **класть** se conjugue de façon un peu particulière. C'est un verbe du premier groupe en **ё** avec la base **клад** : **я кладу, ты кладёшь, они кладут**.
- Le verbe **ставить** est un verbe du deuxième groupe dont la première personne du singulier a une forme particulière. Pour les autres personnes, sa conjugaison est régulière : **я ставлю, ты ставишь, они ставят**.

Les verbes de position : les personnes

Pour parler de la position d'une personne, on utilisera un des verbes suivants : **стоять** [sta-iat^s], *être debout* ; **сидеть** [sidiét^s], *être assis* ; **лежать** [lijat^s], *être allongé, couché*.

Ces trois verbes appartiennent au deuxième groupe. Attention cependant :

- La base de la première personne du singulier du verbe **сидеть** est **сиж** ; le reste de la conjugaison est régulier : **я сижу, ты сидишь, они сидят**.
- Le verbe **стоять**, *être debout*, se conjugue au présent de façon identique au verbe **стоить** [sto-ït^s], *coûter, valoir*, et seul l'accent tonique peut faire la différence.

стоять [sta-iat^s], *être debout*	**стоить** [sto-ït^s], *coûter*
я стою [ia sta-iou]	стою [sto-iou]
ты стоишь [ty sta-ich]	стоишь [sto-ich]
он/она/оно стоит [on/ana/ano sta-it]	стоит [sto-it]
мы стоим [my sta-im]	стоим [sto-im]
вы стоите [vy sta-itié]	стоите [sto-itié]
они стоят [ani sta-iat]	стоят [sto-iat]

1 Ajoutez les terminaisons des formes conjuguées.

a. класть [klast^s], *mettre horizontalement*
1. я клад _
2. мы клад _ _
3. она клад _ _

b. стоить [sto-ït^s], *coûter*
1. ты сто _ _ _
2. он сто _ _
3. они сто _ _

c. вешать [viéchat^s], *mettre en accrochant, suspendre*
1. вы веша _ _ _
2. они веша _ _
3. она веша _ _

d. лежать [lijat^s], *être couché*
1. ты леж _ _ _
2. я леж _
3. мы леж _ _

e. ставить [stavit^s], *mettre verticalement*
1. вы став _ _ _
2. мы став _ _
3. я ставл _

f. сидеть [sidiét^s], *être assis*
1. вы сид _ _ _
2. я сиж _
3. они сид _ _

g. стоять [sta-iat^s], *être debout*
1. оно сто _ _
2. ты сто _ _ _
3. мы сто _ _

2 Attribuez un verbe à chaque image.

1.

2.

3.

4.

5.

6.

- **a.** лежать
- **b.** класть
- **c.** стоять
- **d.** ставить
- **e.** сидеть
- **f.** вешать

3 Mettez les verbes entre parenthèses à la bonne forme.

a. Это того не (стоить). [êta tavo nisto-it] → *Cela ne vaut pas le coup.*

→ ....

b. Куда они (идти)? [kouda ani idout] → *Où vont-ils ?*

→ ....

c. Он всё ещё (лежать). [on fsio yischio lijyt] → *Il est toujours couché.*

→ ....

d. Я (вешать) пальто в шкаф. [ia viécha-iou pal'to fchkaf] → *Je mets le manteau dans l'armoire.*

→ ....

e. Она (стоять) у окна. [ana sta-it ou akna] → *Elle est (debout) à côté de la fenêtre.*

→ ....

f. Папа (сидеть) в кресле. [papa sidit fkriéslié] → *Papa est assis dans le fauteuil.*

→ ....

4 Mettez les phrases au pluriel. Chaque trait équivaut à une lettre.
Ex. Дерево стоит в поле [diériva sta-it fpolié] → *L'arbre est dans le champ.*
→ _ _ _ _ _ _ _ _ _ в поле. → Деревья стоят в поле → *Les arbres sont dans le champ.*

a. Ребёнок сидит на диване. [ribionak sidit nadivanié] → *L'enfant est assis sur le divan.*

→ _ _ _ _ _ сид _ _ на диване. → *Les enfants sont assis sur le divan.*

b. Сколько стоит эта груша? [skol'ka sto-it êta groucha] → *Combien coûte cette poire ?*

→ Сколько сто _ _ эти _ _ _ _ _ ? → *Combien coûtent ces poires ?*

c. Я ставлю бутылку на стол. [ia stavliou boutylkou nastol] → *Je mets la bouteille sur la table.* → _ _ став _ _ бутылку на стол. → *Nous mettons la bouteille sur la table.*

d. Мальчик кладёт тетрадь в сумку. [mal'tchik kladiot titrat^s fsoumkou]

→ *Le garçon met le cahier dans le sac.* → _ _ _ _ _ _ _ _ клад _ _ тетрадь в сумку. → *Les garçons mettent le cahier dans le sac.*

5 Remettez les lettres dans l'ordre pour découvrir des mots liés à la nourriture.
Ex. ОНВИ, *vin* → вино

a. ОЛООКМ, *lait* → ....

d. НАБНА, *banane* → ....

b. ЫРС, *tromage* → ....

e. СОЛАКАБ, *saucisson* → ....

c. ЗАРУБ, *pastèque* → ....

f. БОЛЯОК, *pomme* → ....

Verbes imperfectifs et perfectifs

Les verbes russes ont deux « aspects » : imperfectif et perfectif. Ainsi, à un verbe français correspondent deux verbes russes, qu'on apprend par « paires » : *faire*, **делать** [diélatˢ] – **сделать** [zdiélatˢ] ; *dire, parler*, **говорить** [gavaritˢ] – **сказать** [skazatˢ] ; *décider*, **решать** [richatˢ] – **решить** [richytˢ] ; *voir*, **видеть** [vidiétˢ] – **увидеть** [ouvidiétˢ], etc.

Le choix de l'« aspect » est conditionné par le point de vue depuis lequel on envisage l'action.

- L'imperfectif exprime une action répétée ou habituelle. Il est souvent accompagné de mots qui soulignent la fréquence ou la répétitivité de l'action : **часто** [tchasta], *souvent* ; **всегда** [fsigda], *toujours* ; **постоянно** [pasta-ianna], *en permanence, constamment* ; **обычно** [abytchna], *d'habitude* ; **каждый день** [kajdyï diégne], *chaque jour*, etc. L'imperfectif met l'accent sur l'action elle-même, son déroulement, sans se préoccuper de son résultat : **он долго читал книгу** [on dolga tchital knigou] → *Il lisait un livre depuis longtemps* (on ne sait pas s'il a lu le livre en entier, on met seulement en avant le fait qu'il ait lu) ; **она часто говорит с этим человеком** [ana tchasta gavarit sêtim tchilaviékam] → *Elle parle souvent avec cette personne* (action répétée).

- Le perfectif décrit une action ponctuelle, circonstanciée et qui a un résultat. Il peut permettre de décrire des actions qui se produisent l'une après l'autre. Par exemple : **он прочитал книгу** [on pratchital knigou] → *Il a lu un livre* (entièrement) ; **она что-то сказала этому человеку и ушла** [ana chtota skazala êtamou tchilaviékou i ouchla] → *Elle a dit quelque chose à cette personne* (action terminée qui a forcément un résultat) *et est partie* (action qui se produit après la première action).

6 Classez les verbes des phrases suivantes en deux colonnes, selon qu'ils sont imperfectifs ou perfectifs.

				I	P
a.	Он всегда здесь ходит	[on fsigda zdiéssⁱ Hodit]	*Il passe (va) toujours ici.*		
b.	Я поем и пойду спать	[ia pa-iém i païdou spat^s]	*Je mangerai et j'irai dormir.*		
c.	Увидел её и влюбился	[ouvid^{ié}l yiyo i vlioubilsia]	*Il l'a vue et il est tombé amoureux.*		
d.	Они долго говорили	[ani dolga gavarili]	*Ils ont parlé pendant longtemps.*		
e.	Ты сломал ногу?	[ty slamal nogou]	*Tu t'es cassé une jambe ?*		
f.	Мы внимательно слушаем тебя	[my vnimatilⁱna sloucha-iém tibia]	*Nous t'écoutons attentivement.*		

7 Trouvez dans la liste le perfectif associé à chacun des imperfectifs suivants.

Imperfectif

a. говорить [gavarit^s], *parler* → _ _ _ _ _ _ _

b. читать [tchitat^s], *lire* → _ _ _ _ _ _ _ _ _

c. ломать [lamat^s], *casser* → _ _ _ _ _ _ _

d. есть [iést^s], *manger* → _ _ _ _ _ _

e. идти [itti], *aller, passer, marcher* → _ _ _ _ _

f. делать [diélat^s], *faire* → _ _ _ _ _ _ _ _

g. покупать [pakoupat^s], *acheter* → _ _ _ _ _ _ _

h. решать [richat^s], *décider* → _ _ _ _ _ _ _

Perfectif

сделать, решить, сказать, съесть, пойти, прочитать, купить, сломать

Banque de mots

кинотеатр [kinati-atr], *cinéma*
ресторан [ristaran], *restaurant*
театр [ti-atr], *théâtre*
театр оперы и балета [ti-atr opiry i baliéta], *opéra* (litt. : *théâtre d'opéra et de ballet*)

музей [mouzié-ï], *musée*
выставка [vystafka], *exposition*
школа [chkola], *école*
университет [ouniv^{ié}rsitiét], *université*
библиотека [bibli-atiéka], *bibliothèque*

Particularités du perfectif

- Les verbes perfectifs n'ont pas de présent car ils ne décrivent pas une action en train de se dérouler. En revanche, en ajoutant à ces verbes les terminaisons du présent que vous connaissez déjà, vous obtiendrez le futur : **я делаю уроки** [ia diéla-iou ouroki] → *Je fais mes devoirs* ; **я сделаю уроки** [ia zdiéla-iou ouroki] → *Je ferai mes devoirs.*

- La consonne finale de la base du verbe perfectif **сказать** [skazat^s], *dire*, change lors de la conjugaison : **сказ-ать, я скажу** [ia skajou], **ты скажешь** [ty skajêch], **они скажут** [ani skajout].

8 Remplacez les verbes perfectifs par des verbes imperfectifs dans les phrases suivantes et traduisez-les.

a. Мы поедем в театр [my pa-iéd^{ié}m fti-atr], *Nous irons au théâtre.*

→ Мы _ _ _ _ в театр.

→ ....

b. Люди пойдут на работу [lioudi pa-ïdout narabotou], *Les gens iront au travail.*

→ Люди _ _ _ _ _ на работу.

→ ....

c. Директор решит за нас [diriéktar richyt zanass], *Le directeur décidera pour nous.*

→ Директор _ _ _ _ _ _ за нас.

→ ....

d. Ученик сделает уроки сам [outchinik zdiéla-iét ouroki sam], *L'élève fera les devoirs lui-même.*

→ Ученик _ _ _ _ _ _ уроки сам.

→ ....

e. Мама скажет ему всё [mama skajêt iémou fsio], *Maman lui dira tout.*

→ Мама _ _ _ _ _ _ _ ему всё.

→ ....

f. Ты сломаешь стул! [ty slama-iéch stoul], *Tu casseras la chaise !*

→ Ты _ _ _ _ _ _ _ стул!

→ ....

9 Ajoutez les terminaisons verbales.

a. слом*а*ть [slam*at*ˢ], *casser*
  1. я слом*а* _
  2. он слом*а* _ _
  3. вы слом*а* _ _ _

b. покуп*а*ть [pakoup*at*ˢ], *acheter*
  1. мы покуп*а* _ _
  2. он*и* покуп*а* _ _
  3. он*а* покуп*а* _ _

c. реш*и*ть [rich*yt*ˢ], *décider*
  1. ты реш _ _ _
  2. он реш _ _
  3. вы реш _ _ _

d. раб*о*тать [rab*o*tatˢ], *travailler*
  1. мы раб*о*та _ _
  2. я раб*о*та _
  3. он*и* раб*о*та _ _

e. куп*и*ть [koup*it*ˢ], *acheter*
  1. он к*у*п _ _
  2. вы к*у*п _ _ _
  3. я куп _ _

f. жел*а*ть [jyl*at*ˢ], *désirer, vouloir*
  1. мы жел*а* _ _
  2. он*и* жел*а* _ _
  3. он*а* жел*а* _ _

g. узн*а*ть [ouzn*at*ˢ], *apprendre, savoir*
  1. я узн*а* _
  2. вы узн*а* _ _ _
  3. он узн*а* _ _

h. сказ*а*ть [skaz*at*ˢ], *dire*
  1. ты ск*а*ж _ _ _
  2. мы ск*а*ж _ _
  3. он*а* ск*а*ж _ _

10 Retrouvez les mots du quotidien dans la maison qui se cachent dans la grille ci-dessous.

a. С
b. С
c. Л
d. Д
e. К
f. П
g. З
h. П

a. *table* **e.** *fauteuil*
b. *chaise* **f.** *oreiller*
c. *lampe* **g.** *miroir*
d. *divan* **h.** *serviette*

Bravo, vous êtes venu à bout du chapitre 13 ! Il est maintenant temps de comptabiliser les icônes et de reporter le résultat en page 128 pour l'évaluation finale.

Les verbes irréguliers – Le passé

Les verbes irréguliers

Certains verbes russes ont une conjugaison irrégulière. Parfois l'irrégularité porte seulement sur la première personne du singulier (parfois sur la troisième personne du pluriel), dont une des lettres de la base change. Vous l'avez vu dans le chapitre précédent avec l'exemple du verbe **сказать**, *dire*.

Le verbe хотеть

Le verbe **хотеть** [Hatiet͜s], *vouloir*, permet de former des structures exprimant des envies comme « j'ai faim », « j'ai soif », « j'ai sommeil », etc. Il suffit d'ajouter l'infinitif du verbe à **хотеть** : **я хочу есть** [ia Hatchou iést͜s] ➜ *j'ai faim* ; **он хочет спать** [on Hotchiét spat͜s] ➜ *il a sommeil*.

Son perfectif est **захотеть** [zaHatiet͜s]. Non seulement ce verbe change de consonne de base et son accent se déplace, mais en plus, il appartient à la première conjugaison au singulier et à la deuxième conjugaison au pluriel !

я хочу [ia Hatchiou]
ты хочешь [ty Hotchiéch]
он/она/оно хочет [on/ana/ano Hotchiét]
мы хотим [my Hatim]
вы хотите [vy Hatitié]
они хотят [ani Hatiat]

Le verbe есть

Le perfectif du verbe **есть** [iest͜s], *manger*, est **съесть** [sᵒiést͜s].

я ем [ia iém]
ты ешь [ty iéch]
он/она/оно ест [on/ana/ano iést]
мы едим [my iédim]
вы едите [vy iéditié]
они едят [ani iédiat]

Le verbe звать

Le perfectif du verbe **звать** [zvat͜s], *appeler*, est **позвать** [pazvat͜s].

я зову [ia zavou]
ты зовёшь [ty zavioch]
он/она/оно зовёт [on/ana/ano zaviot]
мы зовём [my zaviom]
вы зовёте [vy zaviotié]
они зовут [ani zavout]

Le verbe пить

Le perfectif du verbe **пить** [pitˢ], *boire*, est **выпить** [vypitˢ].

я пью [ia piou]
ты пьёшь [ty pioch]
он/она/оно пьёт [on/ana/ano piot]
мы пьём [my piom]
вы пьёте [vy piotié]
они пьют [ani piout]

 Reliez le verbe à l'infinitif à sa forme conjuguée.

1. дать •
2. есть •
3. пить •
4. спать •
5. звать •

• **a.** ем
• **b.** сплю
• **c.** зовут
• **d.** дадим
• **e.** пьёшь

Le verbe спать

Le verbe **спать** [spatˢ], *dormir*, est particulier seulement à la première personne du singulier, ensuite sa conjugaison est régulière.

я сплю [ia spliou]
ты спишь [ty spich]
он/она/оно спит [on/ana/ano spit]
мы спим [my spim]
вы спите [vy spitié]
они спят [ani spiat]

2 **Complétez les phrases avec les verbes conjugués de la liste.**

даёте / зовут / дам / играет / хотим / даст / хочу / спит

a. Олег ...., а Валя .... → *Oleg dort et Valia joue.*

b. Вы .... им книги. → *Vous leur donnez des livres.*

c. Я .... спать. → *J'ai sommeil.*

d. Он .... мне свой номер. → *Il me donnera son numéro.*

e. Я .... тебе всё, что нужно. → *Je te donnerai tout ce qu'il faut.*

f. Как тебя ....? → *Comment t'appelles-tu ?*

g. Мы .... пить. → *Nous avons soif.*

Le verbe мочь

La base du verbe **мочь** [motchⁱ], *pouvoir*, est **мог** à la première personne du singulier et à la troisième personne du pluriel, et **мож** à toutes les autres personnes. Son perfectif est **смочь** [s-motchⁱ].

я мог<u>у</u> [ia mago<u>u</u>]   **мы м<u>о</u>жем** [my mo<u>j</u>êm]

ты м<u>о</u>жешь [ty mo<u>j</u>êch]   **вы м<u>о</u>жете** [vy mo<u>j</u>êtié]

он/он<u>а</u>/он<u>о</u> м<u>о</u>жет [on/ana/an<u>o</u> mo<u>j</u>êt]   **они м<u>о</u>гут** [ani<u> </u>mo<u>g</u>out]

3 Une grand-mère russe adore nourrir ses invités ! Complétez la description de ce festin gastronomique en conjuguant les mots entre parenthèses.

a. Мы всегд<u>а</u> мн<u>о</u>го (есть) .... у б<u>а</u>бушки. ➔ *Nous mangeons toujours beaucoup chez la grand-mère.*

b. <u>У</u>тром я (есть) .... блин<u>ы</u> и (пить) .... гор<u>я</u>чий чай.
➔ *Le matin, je mange des blinis et je bois du thé chaud.*

c. На об<u>е</u>д мы всегд<u>а</u> (есть) .... борщ с хл<u>е</u>бом. ➔ *Au déjeuner, nous mangeons toujours un bortsch avec du pain.*

d. Когд<u>а</u> я (хот<u>е</u>ть) .... есть п<u>о</u>сле об<u>е</u>да, б<u>а</u>бушка (д<u>е</u>лать)
.... мне пир<u>о</u>жки. ➔ *Quand j'ai faim après le déjeuner, grand-mère me prépare (fait) des petits pâtés.*

e. Он<u>а</u> <u>о</u>чень хорош<u>о</u> (гот<u>о</u>вить) .... ➔ *Elle cuisine très bien.*

f. Когд<u>а</u> мы (хот<u>е</u>ть) .... спать, б<u>а</u>бушка (дав<u>а</u>ть) .... нам молок<u>о</u>. ➔ *Quand nous avons sommeil, grand-mère nous donne du lait.*

g. А что вы (есть) и (пить) .... у в<u>а</u>шей б<u>а</u>бушки? ➔ *Et vous, qu'est-ce que vous mangez et buvez chez votre grand-mère ?*

Le verbe давать

Il est intéressant d'observer la conjugaison de l'imperfectif **давать** [davat^s], *donner*, et de son perfectif **дать** [dat^s], *donner*. Au présent, **давать** perd son suffixe **ва** ; le perfectif **дать** se conjugue aussi d'une manière particulière, car il change de groupe au cours de la conjugaison.

дава-ть / да-ть   **мы да<u>ё</u>м** [my da-<u>i</u>om] / **дад<u>и</u>м** [dad<u>i</u>m]

я да<u>ю</u> [ia da-<u>iou</u>] / **дам** [dam]   **вы да<u>ё</u>те** [vy da-<u>i</u>otié] / **дад<u>и</u>те** [dad<u>i</u>tié]

ты да<u>ё</u>шь [ty da-<u>i</u>och] / **дашь** [dach]   **они да<u>ю</u>т** [ani<u> </u>da-<u>i</u>out] / **дад<u>у</u>т** [dad<u>ou</u>t]

он/он<u>а</u>/он<u>о</u> да<u>ё</u>т [on/ana/an<u>o</u> da-<u>i</u>ot] / **даст** [dast]

Le passé

- Le passé est extrêmement simple en russe. On ajoute à l'infinitif les terminaisons suivantes : **л** pour le masculin, **ла** pour le féminin, **ло** pour le neutre et **лы** pour tous les genres au pluriel.

Les verbes dont la base change lors de la conjugaison au présent reprennent leur forme « normale » au passé : **дава̲ть** ➜ **дава̲л**, **люби̲ть** ➜ **люби̲л**, **спать** ➜ **спал**.

- Le passé des verbes réfléchis est formé de la même manière, avec l'ajout de la terminaison **ся** pour le masculin et **сь** pour le féminin, le neutre et le pluriel.

учи̲ться [outchitsa], *étudier*

учи̲лся ➜ *il étudiait*	**учи̲лось** ➜ *cela s'étudiait*
учи̲лась ➜ *elle étudiait*	**учи̲лись** ➜ *ils (elles) étudiaient*

---

4 Mettez les verbes suivants au passé, en les accordant avec le sujet.

a. де̲лать [di̲élatˢ], *faire* ➜ он _____

b. захоте̲ть [zaHati̲étˢ], *vouloir* ➜ они̲ _____

c. звать [zvatˢ], *appeler* ➜ ты _____

d. дава̲ть [davatˢ], *donner* ➜ я _____

e. сиде̲ть [sidi̲étˢ], *être assis* ➜ она̲ _____

f. руга̲ться [rougatsa], *se disputer* ➜ они̲ _____

g. ви̲деть [vi̲diétˢ], *voir* ➜ он _____

> À part pour quelques verbes irréguliers, le passé de tous les verbes se forme de la même manière.

Verbes irréguliers au passé

Voici les quelques verbes irréguliers à retenir.

идти̲ [itti], *aller à pied* : шёл, шла, шло, шли (et son perfectif **пойти̲** : пошёл, пошла̲, etc.)

мочь [motchⁱ], *pouvoir* : мог, могла̲, могло̲, могли̲

есть [iéstˢ], *manger* : ел, е̲ла, е̲ло, е̲ли

умере̲ть [oumiri̲étˢ], *mourir* : у̲мер, умерла̲, умерло̲, умерли̲

5 Mettez ces verbes irréguliers au passé.

a. идти [itti], *aller, marcher* ➜ мы _____

b. есть [iést^s], *manger* ➜ вы _____

c. мочь [motch^j], *pouvoir* ➜ оно _____

d. умереть [oumiriét^s], *mourir* ➜ он _____

e. пойти [païti], *aller, marcher* ➜ они _____

Les saisons

лето [liéta], *été*
летом [liétam], *en été*
осень [ossigne], *automne*
осенью [ossigne-iou], *à l'automne*
зима [zima], *hiver*
зимой [zimoï], *en hiver*
весна [visna], *printemps*
весной [visnoï], *au printemps*

6 Reliez chaque sujet au bon verbe.

1. брат [brat], *le frère* •

2. колёса [kaliossa], *les roues* •

3. зеркало [ziérkala], *le miroir* •

4. жена [jyna], *l'épouse* •

• a. стоило [sto-ila]

• b. пошёл в кино [pachol fkino]

• c. сломались [slamaliss^j]

• d. стояла [sta-iala]

Les verbes мочь et уметь

Les verbes **мочь**, *pouvoir*, et **уметь**, *savoir faire*, appartiennent à la première conjugaison. On peut ajouter au verbe **мочь** un imperfectif ou un perfectif, tandis que seul l'imperfectif suivra **уметь** : **я могу иногда делать это** [ia magou inagda diélat^s êta] ➜ *Je peux le faire parfois* ; **я могу сделать это** [ia magou zdiélat^s êta] ➜ *Je peux le faire* ; **я умею делать это** [ia oumié-iou diélat^s êta] ➜ *Je sais le faire.*

7 Trouvez la bonne terminaison des verbes.

a. ю **b.** ют **c.** ёт **d.** ем **e.** ёшь **f.** ешь

1. М<u>а</u>ма зов .... малыш<u>а</u>. ➜ *Maman appelle le petit.*

2. Л<u>и</u>на, куд<u>а</u> ты ид ....? ➜ *Lina, où vas-tu ?*

3. <u>У</u>тром я всегд<u>а</u> д<u>о</u>лго спл .... ➜ *Le matin, je dors toujours longtemps.*

4. Мы слуш<u>а</u> .... н<u>о</u>вости. ➜ *Nous écoutons les nouvelles.*

5. Где ты раб<u>о</u>та ....? ➜ *Où travailles-tu ?*

6. Он<u>и</u> всё понима<u>а</u> .... ➜ *Ils comprennent tout.*

8 Posez les questions concernant les mots en rouge.
Ex. Вчер<u>а</u> К<u>а</u>тя был<u>а</u> в кин<u>о</u> [ftchira katia byla fkino] ➜ *Hier, Katia est allée au cinéma.* – _ _ _ _ Где вчер<u>а</u> был<u>а</u> К<u>а</u>тя?

a. Сег<u>о</u>дня в шк<u>о</u>ле б<u>ы</u>ло очень хорошо [sivodnia fchkolié byla otchigne Haracho]
➜ *Aujourd'hui, c'était très bien à l'école.* – _____ б<u>ы</u>ло сег<u>о</u>дня в шк<u>о</u>ле?

b. Он раб<u>о</u>тает в Москве [on rabota-iét vmas-kvié]
➜ *Il travaille à Moscou.* – _____ он раб<u>о</u>тает?

c. Там был президент [tam byl prizidiént]
➜ *Là-bas, il y avait le président.* – _____ там был?

d. Вечером он<u>и</u> встреч<u>а</u>ются [viétchiram ani fstritcha-ioutsa]
➜ *Ce soir, ils se rencontrent.* – _____ он<u>и</u> встреч<u>а</u>ются?

e. У них был <u>у</u>жин [ouniH byl oujyn]
➜ *Ils ont eu un dîner.* – _____ у них б<u>ы</u>ло?

> ### Bonjour, etc.
>
> **Здр<u>а</u>вствуйте!** [zdr<u>a</u>st-vouïtié], *bonjour !* (générique en vouvoyant)
>
> **Здр<u>а</u>вствуй!** [zdr<u>a</u>st-vouï], *bonjour !* (générique en tutoyant)
>
> **Д<u>о</u>брое <u>у</u>тро!** [d<u>o</u>bra-ié <u>o</u>utra], *bonjour !* (dans la matinée, au réveil)
>
> **Д<u>о</u>брый день!** [d<u>o</u>bryï diégne], *bonjour !* (dans la journée)
>
> **Д<u>о</u>брый вечер!** [d<u>o</u>bryï viétchiér], *bonsoir !*
>
> **Д<u>о</u>брой н<u>о</u>чи!** [d<u>o</u>braï n<u>o</u>tchi], *bonne nuit !*
>
> **Спок<u>о</u>йной н<u>о</u>чи!** [spak<u>o</u>ïnaï n<u>o</u>tchi], *bonne nuit !* (nuit tranquille)

9 Trouvez le mot approprié pour dire bonjour dans chaque situation.

a. Vous rencontrez votre voisin le matin : ....

b. Quelqu'un vous laisse passer en vous tenant la porte : ....

c. Vous arrivez chez quelqu'un pour dîner : ....

d. Vous allez vous coucher et dites au revoir à tout le monde : ....

e. Vous dites au revoir à la gare : ....

f. Vous rencontrez votre copain d'école : ....

10 Traduisez ce texte sur l'école.

В шко́ле.

В шко́ле есть наш класс. В кла́ссе стоя́т столы́. На стола́х лежа́т кни́ги и тетра́ди. Я сижу́ на сту́ле у окна́. Учи́тель стои́т спра́ва. Он говори́т, а мы слу́шаем.

....

....

....

....

....

....

Bravo, vous êtes venu à bout du chapitre 14 ! Il est maintenant temps de comptabiliser les icônes et de reporter le résultat en page 128 pour l'évaluation finale.

La déclinaison des pronoms personnels
Le nominatif – Le datif

La déclinaison

Le russe est une langue à déclinaisons. Cela veut dire que les mots (noms, adjectifs, pronoms, etc.) changent de terminaison en fonction de leur rôle dans la phrase. Le nominatif est le cas du sujet, c'est la forme sous laquelle on trouve les mots dans le dictionnaire.

1 Traduisez ces phrases. Certains mots nouveaux sont très similaires en français, essayez de deviner leur sens. Parfois les mots sont déclinés, mais vous les connaissez déjà.

a. Она смотрит фильм [ana smotrit film]

➜ ....

b. Мой брат много работает [moï brat mnoga rabota-iét]

➜ ....

c. Лена плохо делает пиццу [liéna ploHa diéla-iét pitsou]

➜ ....

d. Мы знаем этих людей [my zna-iém êtiH lioudiéï]

➜ ....

e. Катя учится в университете [katia outchitsa vouniv^{ié}rsitiétié]

➜ ....

f. Франсуаза идёт в метро [fransou-aza idiot vmitro]

➜ ....

g. Витя отлично играет в теннис [vitia atlitchna igra-iét ftênnis]

➜ ....

h. Эрик и Таня всё делают быстро [êrik i tania fsio diéla-iout bystra]

➜ ....

La déclinaison des pronoms personnels

Les pronoms personnels se déclinent et leur déclinaison est à apprendre par cœur.

	1re personne		2e personne		3e personne	
	Singulier	Pluriel	Singulier	Pluriel	Singulier	Pluriel
Nominatif	я	мы	ты	вы	он, оно, она	они
Génitif/ accusatif	меня	нас	тебя	вас	(н) его*, (н) её	(н) их
Datif	мне	нам	тебе	вам	(н) ему, (н) ей	(н) им
Instrumental	мной	нами	тобой	вами	(н) им, (н) ей	(н) ими
Locatif	(обо) мне	(о) нас	(о) тебе	(о) вас	(о) нём, ней	(о) них

* Le **н** s'ajoute aux pronoms de la troisième personne s'ils suivent une préposition.

Pour dire *avec moi*, on ajoute un **о** à la préposition **с** [s], *avec* : **со мной** [samnoï], *avec moi.*

Le verbe звать

Le verbe imperfectif **звать** [zvatˢ], *appeler*, est utilisé dans la structure « *je m'appelle* ». En réalité, en russe, on dit « *ils m'appellent* ». Il faut donc mettre le pronom personnel à l'accusatif et y ajouter le verbe **звать** à la troisième personne du pluriel (**зовут**) : **как тебя зовут?** [kak tibia zavout] → *Comment t'appelles-tu ?*

2 **Déclinez les pronoms suivants à la forme demandée.**

a. я [ia], génitif/accusatif → ....

b. он [on], génitif/accusatif → ....

c. мы [my], datif → ....

d. они [ani], instrumental → ....

e. я [ia], datif → ....

f. вы [vy], génitif/accusatif → ....

g. она [ana], datif → ....

h. я [ia], locatif → ....

i. ты [ty], instrumental → ....

j. они [ani], datif → ....

k. мы [my], génitif/accusatif → ....

l. оно [ano], génitif/accusatif → ....

m. я [ia], instrumental → ....

3 Déclinez les pronoms suivants à la forme demandée.

ними / их / нам / мной / зовут / её

a. Как их _____ ? ➜ *Comment s'appellent-ils ?*

b. Пойдём со _____ в кино! ➜ *Viens avec moi au cinéma !*

c. Где ты видел _____? ➜ *Où l'as-tu vue ?*

d. Это _____ очень приятно. ➜ *Cela nous fait très plaisir.*

e. Вы _____ узнаёте? ➜ *Vous les reconnaissez ?*

f. Он говорит с _____. ➜ *Il leur parle.*

4 Mettez les pronoms entre parenthèses à la bonne forme.

a. Я давно (она, accusatif) .... знаю. [ia davno yi-io zna-iou]

   ➜ *Je la connais depuis longtemps.*

b. Мы с (вы, instrumental) .... знакомы? [my s vami znakomy]

   ➜ *Nous nous connaissons ?*

c. Она любит (он, accusatif) .... [ana lioubit yivo] ➜ *Elle l'aime.*

d. Ты (они, datif) нравишься .... [ty im nravichsia] ➜ *Tu leur plais.*

e. Они говорят о (ты, locatif) .... [ani gavariat atibié] ➜ *Ils parlent de toi.*

f. Вы довольны (мы, instrumental) .... [vy davol'ny nami]

   ➜ *Vous êtes contents de nous.*

Le datif singulier

Le datif est le cas de l'attribution : **я даю тебе соль** [ia da-iou tibié sol'] ➜ *Je te donne le sel*. Il est également utilisé après certaines prépositions : **иду к маме** [idou kmamié] ➜ *Je vais chez maman.*

- Au datif singulier, les noms masculins et neutres durs se terminent par **y**, les mous par **ю** : **стол** [stol], *table* – **столу** [stalou] ; **окно** [akno], *fenêtre* – **окну** [aknou] ; **словарь** [slavar'], *dictionnaire* – **словарю** [slavariou].

- Au datif singulier, les noms féminins durs et mous se terminent par **e** : **мама** [mama], *maman* – **маме** [mamié] ; **песня** [piés'nia], *chanson* – **песне** [piés'nié]. Pour les féminins en signe mou, on utilise la terminaison **и** : **кровать** [kravat͡s], *lit* – **кровати** [kravati]. Les féminins en **ия** se terminent par **ии** : **станция** [stantsy-ia], *station* – **станции** [stantsy-i].

5 **Mettez les mots suivants au datif singulier.**

a. игра [igra], *jeu* ➜ игр_

b. человек [tchilaviék], *homme* ➜ человек_

c. ночь [notchʲ], *nuit* ➜ ноч_

d. Ольга [olʲga], *Olga* ➜ Ольг_

e. книга [kniga], *livre* ➜ книг_

f. дядя [diadia], *oncle* ➜ дяд_

g. Ваня [vania], *Vania (diminutif d'Ivan)* ➜ Ван_

h. море [morié], *mer* ➜ мор_

i. конь [kogne], *cheval* ➜ кон_

j. Игорь [igaʳʲ], *Igor* ➜ Игор_

k. ситуация [sitou-atsy-ia], *situation* ➜ ситуаци_

l. рука [rouka], *main* ➜ рук_

Le datif pluriel

Le datif pluriel de tous les genres durs est en **ам**, celui des mous en **ям** : **стол – столам** [stalam] ; **окно – окнам** [oknam] ; **словарь – словарям** [slavariam].

N'oubliez pas la règle de l'incompatibilité orthographique : **руки** [rouki], *bras –* **рукам** [roukam].

Les noms propres se déclinent aussi. Les noms ayant une terminaison du féminin se déclinent comme des féminins : **я иду к Коле** [ia idou kkolié] = *Je vais chez Kolia.* À l'exemple des masculins « logiques », comme **дядя, папа,** les diminutifs masculins se déclinent comme des féminins : **Витя, Коля,** etc.

6 **Mettez les mots suivants au datif pluriel.**

a. дети [diéti], *enfants* ➜ дет_ _

b. дома [dama], *maisons* ➜ дом_ _

c. столы [staly], *tables* ➜ стол_ _

d. ночи [notchi], *nuits* ➜ ноч_ _

e. брюки [briouki], *pantalon* ➜ брюк_ _

f. моря [maria], *mers* ➜ мор_ _

g. пули [pouli], *balles (armes)* ➜ пул_ _

h. окна [okna], *fenêtres* ➜ окн_ _

7 Retrouvez le nominatif correspondant aux datifs suivants et traduisez.

a. медведю [midviédiou] → ....

b. площади [ploschidi] → ....

c. часу [tchassou] → ....

d. губе [goubié] → ....

e. стакану [stakanou] → ....

f. зиме [zimié] → ....

g. часам [tchissam] → ....

h. России [rassi-i] → ....

i. брюкам [brioukam] → ....

8 Remplissez le tableau.

КТО?	КОМУ?
Моя подруга актриса. [Ma-ia padrouga aktrissa]	Моей подруге актрисе.
a. Наш шеф Иван. [nach chêf ivan]	Нашему ....
b. Ваша соседка Ирина. [vacha sassiétka irina]	Вашей ....
c. Мой брат Сергей. [moï brat sirguié-ï]	Моему ....
d. Его внук Макс. [yivo vnouk maks]	Его ....
e. Их сын Коля. [iH syn kolia]	Их ....
f. Её собака Жучка. [yi-io sabaka joutchka]	Её ....

9 **Remplacez les datifs par les pronoms correspondants.**
Ex. Я даю книгу маме. [ia da-iou knigou mamié] → *Je donne le livre à maman.*
– Я даю ей книгу. → *Je lui donne le livre.*

a. Катя дарит другу подарок. [katia darit drougou padarak] → *Katia offre le cadeau à un ami.* – Катя дарит _ _ _ подарок. → *Katia lui offre le cadeau.*

b. Мы звоним нашим соседям. [my zvanim nachym sassiédiam]
→ *Nous téléphonons à nos voisins.* – Мы _ _ звоним. → *Nous leur téléphonons.*

c. Иван пишет письмо этой девушке. [ivan pichêt pissimo êtaï diévouchkié]
→ *Ivan écrit une lettre à cette jeune fille.* – Иван пишет _ _ письмо. → *Ivan lui écrit une lettre.*

d. Эта ассоциация помогает одиноким матерям. [êta assatsy-atsy-ia pamaga-iét adinokim matiriam] → *Cette association aide les mères célibataires.* – Эта ассоциация _ _ помогает. → *Cette association les aide.*

Les prépositions

в [v], *dans, à*	**через** [tchiériss], *dans* (temporel), *à travers*	**к** [k], *chez, vers*	**из** [iss], *de* (provenance, matière)
на [na], *sur*		**от** [ot], *de chez, de*	
под [pot], *sous*	**за** [za], *derrière*	**с** [s], *avec, de* (provenance)	**для** [dlia], *pour*
у [ou], *chez, à côté*	**перед** [piérit], *devant, avant*	**без** [biéss], *sans*	

10 **Complétez les phrases avec les prépositions de la liste ci-dessous.**

Для / через / из / в / Перед / с / без

a. Дети идут .... школу. [diéti idout fchkolou] → *Les enfants vont à l'école.*

b. Мы едем .... вами! [my iédiém s-vami] → *Nous venons avec vous !*

c. Приходи .... час. [priHadi tchiéristchass] → *Viens dans une heure.*

d. Я не могу .... них. [ia nimagou bizniH] → *Je ne peux pas sans eux.*

e. .... кого ты это делаешь? [dlia kavo ty êta diéla-iéch] → *Pour qui le fais-tu ?*

f. .... домом стоит дерево. [piriddomam sta-it diériva] → *Devant la maison, il y a un arbre.*

g. Они едут .... леса. [ani iédout izliéssa] → *Ils rentrent de la forêt.*

Le datif et les structures impersonnelles

Le datif permet de « personnaliser » les structures impersonnelles. Pour cela, il faut ajouter le datif de la personne à laquelle se rapporte l'action à une structure impersonnelle de type **холодно** [Holadna], *froid* ; **жарко** [jarka], *chaud* ; **страшно** [strachna], *horrifiant* ; **весело** [viéssila], *amusant, gai* ; **грустно** [grousna], *triste*, etc. Par exemple : *j'ai chaud* → **мне жарко** ; *elle a peur* → **ей страшно.**

- Au passé, on ajoute simplement le verbe **быть**, *être*, au passé, accordé au neutre : **мне было жарко** → *j'avais chaud* ; **ей было страшно** → *elle avait peur.*

- Pour former une phrase au futur, on ajoute le verbe **быть**, *être*, au futur, accordé à la troisième personne du singulier : **мне будет жарко** → *j'aurai chaud* ; **ей будет страшно** → *elle aura peur.*

II **Traduisez les phrases suivantes.**

a. Она хочет есть. [ana Hotchiét iésts]

→ ....

b. Там нам будет холодно. [tam nam boudiét Holadna]

→ ....

c. Когда он один, ему страшно. [kagda on adin yimou strachna]

→ ....

d. Ты хочешь пить? [ty Hotchiéch pits]

→ ....

e. Мы видим, что вам жарко. [my vidim chto vam jarka]

→ ....

f. Дети хотят спать. [diéti Hatiat spats]

→ ....

g. Меня зовут Виктория. [minia zavout viktori-ia]

→ ....

Bravo, vous êtes venu à bout du chapitre 15 ! Il est maintenant temps de comptabiliser les icônes et de reporter le résultat en page 128 pour l'évaluation finale.

Le locatif – Prénoms et patronymes
Déclinaison des pronoms interrogatifs

Le locatif au singulier

Le locatif s'appelle ainsi car il est utilisé pour localiser ou situer les objets. On l'appelle parfois « prépositionnel » car il est toujours utilisé avec une préposition.

Le locatif est assez simple. Pour tous les genres, la terminaison au singulier est **e**, sauf dans les cas suivants :

- les noms féminins en signe mou prennent la terminaison **и** (ночь [notchi], *nuit* – **ночи** [notchi]) ;

- les féminins se terminant par **ия** et les neutres se terminant par **ие** prennent la terminaison **ии** : **станция** [stantsy-ia], *station* – **станции** [stantsy-i] ; **здание** [zdani-ié], *bâtiment* – **здании** [zdani-i] ;

- le locatif de certains mots masculins se termine par **y** (toujours accentué) quand il s'agit de situer un objet : **сад** [sat], *jardin* – **саду** [sadou] ; **шкаф** [chkaf], *armoire* – **шкафу** [chkafou] ; **лес** [liéss], *forêt* – **лесу** [lissou] ; **пол** [pol], *sol* – **полу** [palou] ; **мост** [most], *pont* – **мосту** [mastou]. Retenez que pour dire *à la maison*, un seul mot suffit : **дома** [doma].

Les mots neutres empruntés à d'autres langues ne se déclinent pas. Eh oui, la bonne nouvelle est que dans tous les cas, la forme reste inchangée, même si le mot suit une préposition ! D'ailleurs, ces mots ne changent pas au pluriel non plus : **кафе** [kafê], *café* ; **метро** [mitro], *métro* ; **кино** [kino], *cinéma, film* (langue parlée) ; **такси** [taksi], *taxi* ; **какао** [kakao], *cacao* ; **пальто** [palito], *manteau* ; **депо** [dêpo], *dépôt*, etc. À ces mots s'ajoutent certains mots masculins empruntés à d'autres langues, par exemple **евро** [iévra], *euro*.

I Mettez les mots suivants au locatif singulier.

a. книга [kniga], *livre* ➜ книг_

b. ситуация [sitou-atsy-ia], *situation* ➜ ситуаци_

c. школа [chkola], *école* ➜ школ_

d. окно [akno], *fenêtre* ➜ окн_

e. шкаф [chkaf], *armoire* ➜ шкаф_

f. ресторан [ristaran], *restaurant* ➜ ресторан_

g. музей [mouzié-ï], *musée* ➜ музе_

h. сад [sat], *jardin* ➜ сад_

i. отель [atêli], *hôtel* ➜ отел_

Le locatif au pluriel

La formation du pluriel est très simple. La terminaison des durs est **ax** et celle des mous est **ях** : **в садах** [fsadaH], *dans les jardins* ; **на мостах** [namastaH], *sur les ponts* ; **в музеях** [vmouzié-iaH], *dans les musées* ; **в зданиях** [vzdani-iaH], *dans les bâtiments*.

Les prépositions du locatif

- Le locatif est souvent précédé d'une préposition.

  - **в**, *dans, à, en* : **в школе** [fchkolié], *à l'école* ; **в музее** [vmouzié-ié], *au musée* ; **в России** [vrassi-i], *en Russie*.

  - Certains mots s'emploient avec la préposition **на**, *sur, à, dans* : **на площади** [naploschidi], *sur la place* ; **на рынке** [narynkié], *au marché* ; **на улице** [na-oulitsê], *dans la rue* ; **на уроке** [na-ourokié], *dans le cours* ; **на работе** [narabotié], *au travail* ; **на полу** [napalou], *par terre* ; **на стадионе** [nastadi-onié], *au stade* ; **на тренировке** [natrinirofkié], *à l'entraînement* ; **на концерте** [nakantsêrtié], *au concert* ; **на почте** [napotchtié], *à la poste*.

- Bien sûr, le même mot peut s'utiliser avec des prépositions différentes : **на столе** [nastalié], *sur la table* ; **в столе** [fstalié], *dans la table* (*dans un tiroir de la table*).

- Les mots dont le locatif se termine par **у** quand il s'agit de les localiser ont un locatif « normal » en **e** s'ils sont employés dans un autre sens, avec une autre préposition : **в лесу** [vlissou], *dans la forêt*, mais **говорить о лесе** [gavaritˢ aliéssié], *parler de la forêt*.

- Pour situer un événement dans l'année, on ajoute à la préposition **в** le locatif du nom du mois : **в августе** [vavgoustié], *en août*.

2 **Mettez les mots suivants au locatif pluriel.**

a. на лбу [nalbou], *sur le front* ➜ на лб _ _

b. в мысли [vmysli], *dans la pensée* ➜ в мысл _ _

c. в рубашке [vroubachkié], *en chemise* ➜ в рубашк _ _

d. в такси [ftaksi], *dans le taxi* ➜ в такс _

e. на шее [nachê-ié], *sur le cou* ➜ на ше _ _

f. в пижаме [fpijamié], *en pyjama* ➜ в пижам _ _

g. в кафе [fkafê], *au café* ➜ в каф _

h. на море [namorié], *à la mer* ➜ на мор _ _

3 Choisissez la forme correcte au locatif (singulier ou pluriel).

a. шкаф [chkaf], *armoire*
  1. шкафа
  2. шкафу
  3. шкафю

d. путь [pout^s], *chemin*
  1. путю
  2. пути
  3. путе

g. сердце [siértsê], *cœur*
  1. сердце
  2. сердцу
  3. сердца

b. река [rika], *fleuve*
  1. реках
  2. реки
  3. реку

e. конь [kogne], *cheval*
  1. коню
  2. коне
  3. коня

c. окно [akno], *fenêtre*
  1. окну
  2. окни
  3. окне

f. Азия [azi-ia], *Asie*
  1. Азие
  2. Азию
  3. Азии

4 Mettez les phrases suivantes au pluriel (aidez-vous de la traduction française et du nombre de tirets).

a. Я сижу в кресле. [ia sijou fkriéslié] ➔ *Je suis assis(e) dans un fauteuil.*
  – *Nous sommes assis dans des fauteuils.* ➔ _ _ _____ __ _____ .

b. Он сейчас в школе. [on sitchass fchkolié] ➔ *Maintenant, il est à l'école.*
  – *Maintenant, ils sont à l'école (dans des écoles).* ➔ ___ _____ _ _____ .

c. Ребёнок стоит на площади. [ribionak sta-it naploschidi] ➔ *L'enfant est (debout) sur la place. – Les enfants sont sur les places.* ➔ _____ _____ __ _____ .

d. В здании есть дверь. [vzdani-i iést^s dviérⁱ] ➔ *Dans le bâtiment, il y a une porte.*
  – *Dans les bâtiments, il y a des portes.* ➔ _ _____ _____ .

Banque de mots

закрыто [zakryta], *fermé*	**буфет** [boufiét], *cafétéria*
открыто [atkryta], *ouvert*	**запрещено** [zaprischino], *interdit*
туалет [tou-aliét], *toilettes*	**мест нет** [miést niét], *complet*
Ж, *femmes (sur les W.-C.)*	**вход** [fHot], *entrée*
М, *hommes (sur les W.-C.)*	**выход** [vyHat], *sortie*
гардероб [gardirop], *vestiaire*	

Choisissez la bonne préposition pour accompagner ces mots au locatif.

в	на

му<u>зе</u>е, *au musée*
аэроп<u>о</u>рту, *à l'aéroport*
<u>у</u>лице, *dans la rue*
инстит<u>у</u>те, *à l'institut*
<u>я</u>щике, *dans le tiroir*
р<u>ы</u>нке, *au marché*
шк<u>о</u>ле, *à l'école*
раб<u>о</u>те, *au travail*
магаз<u>и</u>не, *au magasin*
пол<u>у</u>, *par terre*
карм<u>а</u>нах, *dans les poches*
Пар<u>и</u>же, *à Paris*

Prénoms et patronymes

Les diminutifs sont une notion très importante car les Russes les utilisent beaucoup. Un diminutif est censé être un prénom raccourci, mais ce n'est pas toujours le cas.

- Certains diminutifs sont neutres et d'autres ont un sens affectif. Ainsi, **Валент<u>и</u>на** [valint<u>i</u>na], *Valentina*, a un diminutif neutre (**В<u>а</u>ля** [v<u>a</u>lia]) et des diminutifs affectifs divers : **Вал<u>ю</u>ша**, **Вал<u>ю</u>сик**, **Вал<u>ю</u>ся**, **В<u>а</u>лечка**, etc. Ces derniers peuvent être nombreux.

- Certains prénoms courts n'ont pas de diminutif neutre : **Глеб** [gliép], *Gliéb* ; **<u>И</u>горь** [ig^arⁱ], *Igor* ; **Ол<u>е</u>г** [aliék], *Oleg* ; **М<u>а</u>я** [m<u>a</u>-ia], *Maya*, etc.

- Certains prénoms masculins et féminins ont les mêmes diminutifs : **Алекс<u>а</u>ндр** [aliks<u>a</u>ndr] (masculin), **Алекс<u>а</u>ндра** [aliks<u>a</u>ndra] (féminin) – **С<u>а</u>ша** [s<u>a</u>cha] ; **Евг<u>е</u>ний** [yivgui<u>é</u>ni-ï] (masculin), **Евг<u>е</u>ния** [yivgui<u>é</u>ni-ia] (féminin) – **Ж<u>е</u>ня** [jênia].

- Les Russes n'ont qu'un seul prénom. Un nom russe complet se compose d'un nom de famille, d'un prénom et d'un nom patronymique (le prénom du père) : **Ант<u>о</u>н Ив<u>а</u>нович З<u>о</u>тов**. Encore une fois, tout se décline en russe. Ainsi a-t-on à l'accusatif : **Я в<u>и</u>дел Ант<u>о</u>на Ив<u>а</u>новича З<u>о</u>това**.

Le patronyme est utilisé dans des situations officielles ou envers une personne plus âgée, en signe de respect. Attention : le nom patronymique s'emploie seulement après le prénom complet. Employé après un diminutif, le patronyme porte un sens comique ou reflète une figure de style.

6 **En suivant l'exemple donné, faites des phrases avec les mots proposés et traduisez-les.**
Ex. Вика, Париж – Вика в Париже ➜ *Vika est à Paris.*

a. Таня, Прага ➜ ....

b. Никита, Лондон ➜ ....

c. Сева, Рим ➜ ....

d. Лиза, Барселона ➜ ....

e. Лука, Варшава ➜ ....

f. Оля, Москва ➜ ....

g. Вова, Санкт-Петербург ➜ ....

h. Катя, Пекин ➜ ....

7 **Complétez les phrases en choisissant le bon mot dans la liste et en le mettant au locatif. Traduisez les phrases obtenues.**
Ex. Вася турист [vassia tourist] ➜ *Vassia est touriste.* – Он в отеле ➜ Il est à l'hôtel.

театр, *théâtre* / **офис**, *bureau* / **отель**, *hôtel* / **концерт**, *concert*
больница, *hôpital* / **университет**, *université*

a. Лена актриса [liéna aktrissa] ➜ *Liéna est actrice.* – ....
....

b. Витя доктор [vitia doktar] ➜ *Vitia est docteur.* – ....
....

c. Макс и Мила музыканты [maks i mila mouzykanty] ➜ *Maks et Mila sont musiciens.*
– ....

d. Надя студентка [nadia stoudiéntka] ➜ *Nadia est étudiante.* – ....
....

e. Женя бизнесмен [jênia biznêsmên] ➜ *Jenia est un homme d'affaires.* – ....
....

8 **Mettez les mois au locatif.**
Ex. январь [yinvar^j], *janvier* в январе, *en janvier*

a. февраль [fivral^j], *février* → ...., *en février*

b. март [mart], *mars* → ...., *en mars*

c. апрель [apriél^j], *avril* → ...., *en avril*

d. май [maï], *mai* → ...., *en mai*

e. июнь [i-iougne], *juin* → ...., *en juin*

f. июль [i-ioul^j], *juillet* → ...., *en juillet*

g. август [avgoust], *août* → ...., *en août*

h. сентябрь [sintiabr^j], *septembre* → ...., *en septembre*

i. октябрь [aktiabr^j], *octobre* → ...., *en octobre*

j. ноябрь [na-iabr^j], *novembre* → ...., *en novembre*

k. декабрь [dikabr^j], *décembre* → ...., *en décembre*

Déclinaison des mots interrogatifs

Les mots interrogatifs **кто** [kto], *qui*, et **что** [chto], *que, quoi*, se déclinent aussi.

	кто [kto], *qui*	**что** [chto], *que, quoi*
Nominatif	кто	что
Génitif	кого	чего
Datif	кому	чему
Accusatif	кого (comme au génitif)	что (comme au nominatif)
Instrumental	кем	чем
Locatif	ком	чём

9 Mettez les mots interrogatifs au cas indiqué.

a. (Кто datif) _ _ _ _ ты дал это? ➜ *À qui as-tu donné cela ?*

b. О (что locatif) _ _ _ он говорит? ➜ *De quoi parle-t-il ?*

c. С (кто instrumental) _ _ _ она уходит? ➜ *Avec qui s'en va-t-elle ?*

d. (Кто accusatif) _ _ _ _ мы видим? ➜ *Qui nous voyons ?*

e. (Что génitif) _ _ _ _ здесь нет? ➜ *Qu'est-ce qu'il n'y a pas ici ?*

f. (Что accusatif) _ _ _ я делаю? ➜ *Qu'est-ce que je fais ?*

g. От (кто génitif) _ _ _ _ она это узнала? ➜ *De qui l'a-t-elle appris ?*

10 Décrivez les journées de Svetlana (25 ans) et de Roman (7 ans). Pour cela, triez les mots ci-dessous et mettez-les au locatif.

кухня [kouHnia], *cuisine* / **ресторан** [ristaran], *restaurant* / **школа** [chkola], *école*
дискотека [diskatiéka], *discothèque* / **дом** [dom], *maison* / **работа** [rabota], *travail*

a. Утром Светлана .... [outram svitlana] ➜ *Le matin Svetlana est* ....

b. В обед она .... [vabiét ana] ➜ *À midi, elle est* ....

c. Вечером она .... [viétchiram ana] ➜ *Le soir, elle est* ....

d. Утром Роман .... [outram raman] ➜ *Le matin Roman est* ....

e. В обед он с мамой .... [vabiét on smamaï] .... ➜ *À midi, il est* .... *avec maman.*

f. Вечером он .... [viétchiram on] ➜ *Le soir, il est* ....

Bravo, vous êtes venu à bout du chapitre 16 ! Il est maintenant temps de comptabiliser les icônes et de reporter le résultat en page 128 pour l'évaluation finale.

17

Le génitif singulier et pluriel

Le génitif

Le génitif est le cas du complément du nom. Il est employé pour désigner le possesseur d'un objet, sa provenance, ou un article partitif.

- On utilise également le génitif après les mots désignant une quantité ou dans une structure signifiant l'absence totale d'un objet : **это свитер папы** [ȇta svitȇr papy] ➜ *c'est le pull de papa* ; **стакан воды** [stakan vady] ➜ *un verre d'eau* ; **здесь нет света** [zdiéssⁱ niet sviéta] ➜ *ici, il n'y a pas de lumière*.

- On utilise obligatoirement le génitif après certaines prépositions : **без**, *sans* ; **для**, *pour* ; **до**, *jusqu'à* ; **из**, *de* (provenance) ; **около**, *à côté de* ; **от**, *de* (provenant de chez quelqu'un) ; **после**, *après* ; **у**, *chez*.

Le génitif singulier

Le génitif singulier est facile :

- les masculins et les neutres durs se terminent par **а**, et les mous par **я** ;

- les féminins durs ont un génitif en **ы** et les mous en **и**.

Rappelez-vous la règle de l'incompatibilité orthographique, vous en aurez besoin au génitif !

I Mettez les mots suivants au génitif singulier.

a. краб [krap], *crabe* ➜ ....

b. шея [chê-ia], *cou* ➜ ....

c. рубашка [roubachka], *chemise* ➜ ....

d. француженка [frantsoujynka], *Française* ➜ ....

e. чай [tchaï], *thé* ➜ ....

f. вилка [vilka], *fourchette* ➜ ....

g. колесо [kalisso], *roue* ➜ ....

h. звезда [zvizda], *étoile* ➜ ....

i. ночь [notchⁱ], *nuit* ➜ ....

j. галстук [galstouk], *cravate* ➜ ....

2 **Qui était où ? Formez des phrases en mettant les mots entre parenthèses au génitif.**

Откуда они идут? [atkouda ani idout] → *D'où reviennent-ils ?*

a. Нина была у (бабушка) .... → *Nina était chez sa grand-mère.*

b. Дети идут из (школа) .... → *Les enfants rentrent de l'école.*

c. Я иду от (врач) .... → *Je rentre de chez le médecin.*

d. Олег едет из (больница) .... → *Oleg revient de l'hôpital.*

e. Мы выходим из (отель) .... → *Nous sortons de l'hôtel.*

f. Ребёнок был около (дом) .... → *L'enfant était à côté de la maison.*

g. Таня выходит из (здание) .... → *Tania sort du bâtiment.*

> Le génitif pluriel est le cas le plus complexe du russe. Essayez de retenir petit à petit les terminaisons.

Le génitif pluriel des masculins

- Les masculins durs ont un génitif pluriel en **ов** : **стол** [stol], *table* – **столов** [stalof].

- Les masculins en signe mou ainsi que tous ceux qui se terminent par une chuintante (**ж, ч, ш, щ**) ont un génitif en **ей**, toujours accentué : **конь** [kogne], *cheval* – **коней** [kaniéï] ; **муж** [mouch], *mari* – **мужей** [moujêï].

- Les masculins en **й** se terminent par **ев** : **музей** [mouziéï], *musée* – **музеев** [mouzié-iéf].

 3 **Trouvez la bonne forme du génitif pluriel pour les noms masculins suivants.**

a. рубль [roubl'],
rouble
   1. рублов
   2. рублей
   3. рублев

c. факс [faks],
fax
   1. факсей
   2. факсев
   3. факсов

e. дом [dom],
maison
   1. домев
   2. домов
   3. домей

g. музей
[mouziéï], *musée*
   1. музеев
   2. музеей
   3. музеёв

b. студент
[stoudiént], *étudiant*
   1. студентов
   2. студентах
   3. студентей

d. гость [gost's],
invité
   1. гостов
   2. гостев
   3. гостей

f. стол [stol],
table
   1. столов
   2. столев
   3. столей

h. мяч [miatch'],
balle
   1. мячов
   2. мячей
   3. мячев

Le génitif pluriel des neutres

- Les neutres durs (en **o**) ont une terminaison « zéro » au génitif pluriel : **окно** [akno], *fenêtre* – **окон** [okan]. Remarquez qu'une voyelle mobile se glisse alors entre les deux dernières lettres pour faciliter la prononciation.

- Les neutres en **е/ё** ont un génitif en **ей** : **море** [morié], *mer* – **морей** [mariéï].

- Les neutres en **ие** se terminent par **ий** : **здание** [zdani-ié], *bâtiment* – **зданий** [zdaniï].

4 Trouvez le genre intrus dans chaque série.

a. одеял – окон – стаканов

b. колец – музеев – мужей

c. мячей – кресел – вин

d. столов – слов – уроков

e. растений – рублей – морей

f. кресел – зданий – площадей

5 Complétez les phrases avec les mots de la liste, en les mettant à la bonne forme.

мальчик / гости / вода / вечер / отпуск

лекарство / сумка / журнал / рис

a. Дай мне .... → *Donne-moi de l'eau.*

b. Он купил много .... → *Il a acheté beaucoup de médicaments.*

c. В шкафу есть килограмм .... → *Dans le placard, il y a un kilo de riz.*

d. Это брюки .... → *C'est le pantalon du garçon.*

e. У неё дома нет .... → *Elle n'a pas de magazines à la maison.*

f. Мы едем из .... → *Nous revenons de congé.*

g. У нас не было .... → *Nous n'avons pas eu d'invités.*

h. Ты сегодня без ....? → *Tu es sans sac aujourd'hui ?*

i. Мама свободна до .... → *Maman est libre jusqu'à ce soir.*

Le génitif pluriel des féminins

- Les féminins durs (en **a**), tout comme les neutres, ont une terminaison « zéro » : **волна** [valn<u>a</u>], *vague* – **волн** [voln] ; **река** [rik<u>a</u>], *rivière* – **рек** [riék]. Une voyelle mobile peut apparaître au génitif pluriel des féminins aussi.
- Les féminins mous (en **я**) ont une terminaison en signe mou : **гиря** [gu<u>i</u>ria], *altère* – **гирь** [guirʲ].
- Les féminins en signe mou (comme les masculins) ont un génitif en **ей** : **ночь** [notchʲ], *nuit* – **ночей** [natchiéï].
- Les féminins en **ия** se terminent par **ий** : **молния** [m<u>o</u>lni-ia], *éclair* – **молний** [m<u>o</u>lniï].
- Les féminins en **ея** se terminent par **ей** : **идея** [idié-ia], *idée* – **идей** [idiéï].

6 **Retrouvez le nominatif singulier des génitifs pluriels suivants.**

a. сестёр [sist<u>io</u>r] – ...., *sœur*

b. коров [kar<u>o</u>f] – ...., *vache*

c. дверей [dviriéï] – ...., *porte*

d. рубашек [roub<u>a</u>chêk] – ...., *chemise*

e. земель [zim<u>ié</u>lʲ] – ...., *terre*

f. армий [<u>a</u>rmiï] – ...., *armée*

g. кроватей [krav<u>a</u>tiéï] – ...., *lit*

h. аллей [all<u>ié</u>ï] – ...., *allée*

7 **Faites des phrases d'après le modèle en utilisant la préposition** y **et le mot** нет.
Ex. Валя [v<u>a</u>lia], *Valia* – окно [akn<u>o</u>], *fenêtre Valia n'a pas de fenêtres.*
= У В<u>а</u>ли нет <u>о</u>кон.

a. брат [brat], *frère* – вино [vin<u>o</u>], *vin* ➜ *(Mon) frère n'a pas de vin (vins).*

= ....

b. Виктор [v<u>i</u>ktar], *Viktor* – идея [idié-ia], *idée* ➜ *Viktor n'a pas d'idées.*

= ....

c. он [on], *lui* – лампа [l<u>a</u>mpa], *lampe* ➜ *Il n'a pas de lampes.*

= ....

d. дама [d<u>a</u>ma], *dame* – собака [sab<u>a</u>ka], *chien* ➜ *La dame n'a pas de chiens.*

= ....

e. Саша [sacha], *Sacha* – сыр [syr], *fromage* ➔ *Sacha n'a pas de fromages.*

= ....

f. сосед [sassiét], *voisin* – кресло [kriésla], *fauteuil* ➔ *Le voisin n'a pas de fauteuils.*

= ....

g. учитель [outchitiél¹], *instituteur* – книга [kniga], *livre* ➔ *L'instituteur n'a pas de livres.*

= ....

h. подруга [padrouga], *amie* – зеркало [ziérkala], *miroir* ➔ *L'amie n'a pas de miroirs.*

= ....

Les nombres

десять [diéssit^s], *dix*	шестьдесят [chyzdissiat], *soixante*
двадцать [dvatsat^s], *vingt*	семьдесят [siémdissiat], *soixante-dix*
тридцать [tritsat^s], *trente*	восемьдесят [vosimdissiat], *quatre-vingts*
сорок [sorak], *quarante*	девяносто [divinosta], *quatre-vingt-dix*
пятьдесят [piddissiat], *cinquante*	сто [sto], *cent*

8 Retrouvez les formes manquantes.

Один/Одна/Одно	Нет	Много
яблоко, *pomme*	яблока	яблок
море, *mer*	моря	....
..............., *chemise*	рубашки	рубашек
..............., *voiture*	машины	....
письмо, *lettre*	....	писем
улица, *rue*	....	....
..............., *anneau*	....	колец
идея, *idée*	идеи	....
гость, *invité*	....	гостей
..............., *médecin*	врача	....
станция, *station*	....	станций

9 **Transformez les phrases à la forme négative.**
Ex. У меня есть деньги [ouminia iestˢ diénˡgui] = *J'ai de l'argent.*
→ У меня нет денег = *Je n'ai pas d'argent.*

a. У них сегодня занятия. [ouniH sivodnia zaniati-ia] = *Ils ont cours aujourd'hui.*

→ .... = *Ils n'ont pas cours aujourd'hui.*

b. У вас есть билеты. [ouvass iestˢ biliéty] = *Vous avez les billets.*

→ .... = *Vous n'avez pas de billet.*

c. У него есть проблема. [ounivo iestˢ prabliéma] = *Il a un problème.*

→ .... = *Il n'a pas de problème.*

d. В магазине есть карандаши. [vmagazinié iestˢ karandachy] = *Il y a des crayons au magasin.* → .... = *Il n'y a pas de crayons au magasin.*

e. Здесь много людей. [zdiéssˡ mnoga lioudiéï] = *Ici, il y a beaucoup de gens.*

→ .... = *Ici, il n'y a pas de gens.*

f. У тебя есть сомнения? [outibia iestˢ samniéni-ia] = *As-tu des doutes ?*

→ ....? = *Tu n'as pas de doutes.*

g. В киоске есть журналы. [fki-oskié iestˢ journaly] = *Au kiosque, il y a des journaux.*

→ .... = *Au kiosque, il n'y a pas de journaux.*

h. Есть новости! [iestˢ novasti] = *Il y a des nouvelles !*

→ ....! = *Il n'y a pas de nouvelles.*

Complétez la liste des courses en choisissant la bonne terminaison.

a. Бут<u>ы</u>лка (вин<u>о</u>)

= *une bouteille de vin*

b. Килогр<u>а</u>мм (колбас<u>а</u>)

= *un kilo de saucisson*

c. Литр (молок<u>о</u>)

= *un litre de lait*

d. П<u>а</u>чка (с<u>а</u>хар)

= *un paquet de sucre*

e. П<u>а</u>чка (м<u>а</u>сло)

= *une motte de beurre*

f. Два килогр<u>а</u>мма (м<u>я</u>со)

= *deux kilos de viande*

g. Кор<u>о</u>бка (конф<u>е</u>та)

= *une boîte de chocolats*

h. Мн<u>о</u>го (<u>о</u>вощ)

= *beaucoup de légumes*

i. Килогр<u>а</u>мм (<u>я</u>блоко)

= *un kilo de pommes*

j. Пл<u>и</u>тка (шоколад)

= *une tablette de chocolat*

Bravo, vous êtes venu à bout du chapitre 17 ! Il est maintenant temps de comptabiliser les icônes et de reporter le résultat en page 128 pour l'évaluation finale.

18

L'accusatif – La localisation avec ou sans mouvement – Les adverbes

L'accusatif

L'accusatif est le cas du complément d'objet direct. Il est assez simple car il reprend souvent la forme du nominatif ou du génitif.

- L'accusatif des masculins animés a la même forme que leur génitif au singulier et au pluriel ; celui des inanimés a la même forme que leur nominatif au singulier et au pluriel. N'hésitez pas à revoir la leçon précédente.

- Les neutres à l'accusatif ont la même forme qu'au nominatif.

- Les féminins durs se terminent par **ы** ; les féminins mous qui se terminent par **я** se terminent par **ю** à l'accusatif et les autres féminins en signe mou reprennent la forme du nominatif : **мама** [mama], *maman* – **маму** [mamou] ; **гиря** [guiria], *altère* – **гирю** [guiriou] ; **ночь** [notchi], *nuit* – **ночь** [notchi].

- Au pluriel, tout comme les masculins, les féminins animés reprennent la forme du génitif tandis que les inanimés reprennent celle du nominatif.

1 Mettez les mots suivants à l'accusatif singulier et traduisez-les. ••

a. сыр [syr] ➜ ....

b. ше́я [chê-ia] ➜ ....

c. ба́бочка [babatchka] ➜ ....

d. молоко́ [malako] ➜ ....

e. соба́ка [sabaka] ➜ ....

f. мо́ре [morié] ➜ ....

g. конь [kogne] ➜ ....

h. дочь [dotchi] ➜ ....

i. волна́ [valna] ➜ ....

j. брат [brat] ➜ ....

2 Complétez avec le bon verbe.

читает   готовит   слушает   любит   пьют   смотрю

a. Мама .... ужин. → *Maman prépare le dîner.*

b. Я .... телевизор. → *Je regarde la télé.*

c. Мария .... Сашу. → *Maria aime Sacha.*

d. Лука .... книгу. → *Louka lit un livre.*

e. Гости .... чай. → *Les invités boivent du thé.*

f. Мой брат .... музыку. → *Mon frère écoute la musique.*

3 Complétez le tableau en formant des phrases. Retrouvez la forme manquante (pronom ou verbe) et accordez le complément d'objet direct à l'accusatif.

читать – книга	Я читаю книгу. → *Je lis un livre.*
писать – письмо	.... пишем .... → *Nous écrivons une lettre.*
хотеть – кот	Я .... → *Je veux un chat.*
звать – своя сестра	.... зовёт свою .... → *Elle appelle sa sœur.*
понимать – я	Ты ....? → *Tu me comprends ?*
знать – вы	Мы .... → *Nous vous connaissons.*
есть – рыба	Вы ....? → *Mangez-vous du poisson ?*

4 Répondez aux questions suivantes en utilisant le mot entre parenthèses.

a. Кого вы видели в парке? [kavo vy vidili fparkié] → *Qui avez-vous vu au parc ?*
– (Президент) .... → *Le président.*

b. Что вы ели на ужин? [chto vy iéli na oujyn] → *Qu'avez-vous mangé au dîner ?*
– (Курица и рис) .... → *Du poulet et du riz.*

c. Кого вы здесь знаете? [kavo vy zdiéssⁱ zna^{ié}tié] → *Qui connaissez-vous ici ?*
– (Катя и Олег) .... → *Katia et Oleg.*

d. Что вы курите? [chto vy kouritié] → *Qu'est-ce que vous fumez ?* – (Сигара)
.... → *Un cigare.*

e. Кого вы не хотите встретить? [kavo vy niHatitié fstriétit^s] → *Qui ne souhaitez-vous pas rencontrer ?* – Моего (преподаватель) .... → *Mon professeur.*

La localisation avec ou sans mouvement

Le russe fait la différence entre la localisation avec mouvement et la localisation sans mouvement. Le locatif sert à indiquer le lieu où se trouve une personne ou un objet, tandis que la localisation avec mouvement (le mouvement vers un lieu) s'exprime avec l'accusatif. Comparez : **я в парке** [ia fparkié] ➜ *je suis au parc* (j'y suis déjà, c'est ma localisation actuelle) – locatif ; **я иду в парк** [ia idou fpark] ➜ *je vais au parc* (je n'y suis pas encore, je me dirige vers ce lieu, il y a donc un mouvement) – accusatif.

Faites attention : les prépositions sont les mêmes, mais c'est le cas qui est différent...

5 Localisez Кирилл [Kirill] : placez chaque proposition dans la bonne colonne.

дома в отель в саду в Париж в лесу на море на почту

в университет в музее на улицу на работе в Москву

Где? [gdié], *où ?* (sans mouvement)	Куда? [kouda], *où ?* (avec mouvement)

Banque de mots

весёлый [vissiolyï], *gai, joyeux*
грустный [grousnyï], *triste*
важный [vajnyï], *important*
лёгкий [lioHkiï], *facile*
простой [prastoï], *simple*
большой [bal'choï], *grand*
маленький [malin'kiï], *petit*

сильный [sil'nyï], *fort*
слабый [slabyï], *faible*
смелый [smiélyï], *audacieux, courageux*
тихий [tiHiï], *calme, tranquille*
громкий [gromkiï], *bruyant, fort*
умный [oumnyï], *intelligent*
глупый [gloupyï], *bête*

La localisation dans le temps

Pour situer un événement par rapport à un jour de la semaine, on utilise également l'accusatif, avec la préposition **в** (sauf pour **вторник** [ftornik], *mardi*, qui s'emploie avec la préposition **во**) : **буду у вас в среду** [boudou ou vass fsriédou] → *je serai chez vous mercredi.*

6 **Répondez à la question когда? [kagda],** *quand ?*

a. понедельник [panidiél'nik], *lundi* → ....

b. вторник [ftornik], *mardi* → ....

c. среда [srida], *mercredi* → ....

d. четверг [tchitviérk], *jeudi* → ....

e. пятница [piatnitsa], *vendredi* → ....

f. суббота [soubota], *samedi* → ....

g. воскресенье [vaskrissiénié], *dimanche* → ....

7 **Reliez les mots des deux colonnes en mettant le mot entre parenthèses à la bonne forme.**

a. снять [sniatˢ], *louer* •

b. знать [znatˢ], connaître •

c. смотреть [smatriétˢ], *regarder* •

d. считать [schitatˢ], *compter* •

e. ходить [Haditˢ], *aller* •

f. узнать [ouznatˢ], *reconnaître* •

g. решать [richatˢ], *résoudre* •

• **1.** (комедия) ...., *comédie*

• **2.** старого (друг) ...., *vieil ami*

• **3.** (комната) ...., *chambre*

• **4.** (проблемы) ...., *problèmes*

• **5.** в (библиотека) ...., *à la bibliothèque*

• **6.** (правила) ...., *règles*

• **7.** (деньги) ...., *argent*

Mettez les mots suivants à l'accusatif pluriel.

a. родитель [raditiélʲ], *parent* → ....

b. окно [aknо], *fenêtre* → ....

c. кот [kot], *chat* → ....

d. роза [rоza], *rose* → ....

e. сестра [sistrа], *sœur* → ....

f. час [tchass], *heure* → ....

g. врач [vratch], *médecin* → ....

h. дом [dom], *maison* → ....

i. газета [gaziéta], *journal* → ....

j. подруга [padrоuga], *amie* → ....

L'adverbe accompagne une action en la caractérisant, il est donc souvent proche d'un verbe dans la phrase.

Les adverbes

Les adverbes russes ne se déclinent pas. En voilà une bonne nouvelle ! Beaucoup d'entre eux se terminent par **o**, certains par **a** et d'autres ont une terminaison encore différente.

9 **Soulignez les adverbes dans la liste suivante.**

быстро [bystra], *vite*   машина [machyna], *voiture*

всегда [fsigdа], *toujours*   раз [rass], *fois*

редко [riétka], *rarement*   иногда [inagdа], *parfois*

три [tri], *trois*   часто [tchasta], *souvent*

никогда [nikagdа], *jamais*   рано [rаna], *tôt*

быстрый [bystryï], *rapide*

поздно [pоzna], *tard*

Complétez les phrases en choisissant le bon adverbe dans la liste.

иногда / поздно / часто / редко / весело / рано / плохо / никогда

a. Лена .... ходит в театр. ➜ *Léna va souvent au théâtre.*

b. Дети .... поют. ➜ *Les enfants chantent joyeusement.*

c. .... он приезжает к нам. ➜ *Parfois, il vient chez nous.*

d. Я .... не пью. ➜ *Je ne bois jamais.*

e. Пора домой – уже .... ➜ *Il est l'heure de rentrer à la maison – il est tard.*

f. Малыш .... читает. ➜ *Le petit lit mal.*

g. Ты куда? Ещё так .... ➜ *Où vas-tu ? Il est encore si tôt.*

h. Я .... вижу их. ➜ *Je les vois rarement.*

Bravo, vous êtes venu à bout du chapitre 18 ! Il est maintenant temps de comptabiliser les icônes et de reporter le résultat en page 128 pour l'évaluation finale.

19

L'instrumental – L'accord des nombres

L'instrumental singulier

L'instrumental est le cas du complément circonstanciel, il indique le moyen de l'action. Ce cas est simple.

- Les masculins et les neutres durs se terminent par **ом**, les mous et ceux qui se terminent en chuintante (**ж, ч, ш, щ**) se terminent par **ем** (sauf quelques exceptions, comme **карандаш̲ом** : **стул** [stoul], *chaise* – **стул̲ом** [st̲oulam] ; **окн̲о** [akn̲o], *fenêtre* – **окн̲ом** [akn̲om] ; **муж** [mouch], *mari* – **му̲жем** [mouj̲êm]).

- Les féminins durs se terminent par **ой**, les mous et ceux qui se terminent en chuintante (**ж, ч, ш, щ**) se terminent par **ей**, sauf les mots qui se terminent par le signe mou, qui se terminent alors par **ю** : **кни̲га** [kn̲iga], *livre* – **кни̲гой** [kn̲igaï] ; **ги̲ря** [gu̲iria], *altère* – **ги̲рей** [gu̲iriéï] ; **жизнь** [jyzn̲ʲ], *vie* – **жи̲знью** [j̲yznʲiou].

I **Mettez les mots suivants à l'instrumental singulier.**

  a. крокоди̲л [krakad̲il], *crocodile* → ....

  b. ру̲чка [r̲outchka], *stylo* → ....

  c. тё̲тя [t̲iotia], *tante* → ....

  d. грипп [grip], *grippe* → ....

  e. челове̲к [tchilav̲iék], *homme* → ....

  f. зда̲ние [zd̲ani-ié], *bâtiment* → ....

  g. пингви̲н [pingv̲in], *pingouin* → ....

  h. каранда̲ш [karand̲ach], *crayon* → ....

  i. печь [p̲iétchʲ], *poêle* → ....

  j. чай [tchaï], *thé* → ....

L'instrumental pluriel

L'instrumental pluriel des durs de tous les genres se termine par **ами**, celui des mous par **ями**.
звезда̲ [zvizd̲a], *étoile* – **звё̲здами** [zv̲iozdami]
кот [kot], *chat* – **ко̲тами** [k̲atami]
мо̲ре [m̲orié], *mer* – **моря̲ми** [maria̲mi]

2 Mettez les mots suivants à l'instrumental pluriel.

a. бутылка [boutylka], *bouteille* → ....

b. утюг [outiouk], *fer à repasser* → ....

c. корабль [karabl¹], *bateau* → ....

d. свеча [svitcha], *bougie* → ....

e. сапог [sapok], *botte* → ....

f. деньги [dién¹gui], *argent* → ....

g. звезда [zvizda], *étoile* → ....

h. краски [kraski], *peinture* → ....

i. идея [idié-ia], *idée* → ....

j. зима [zima], *hiver* → ....

Emploi de l'instrumental

Certains verbes exigent l'emploi de l'instrumental.

Souvent, l'instrumental est précédé de la préposition **с** [s], *avec* :
С кем? [skiém] → *Avec qui ?* – **С папой** [spapaï] → *Avec papa.*

3 Observez les verbes après lesquels on utilise l'instrumental. Vous trouverez leur prononciation dans le corrigé. Mettez les mots entre parenthèses à la bonne forme.

a. стать (врач) .... → *devenir médecin*

b. спорить с (друзья) .... → *contredire, ne pas être d'accord*
avec ses amis

c. работать (учитель) .... → *travailler comme instituteur*

d. разговаривать с (соседи) .... → *discuter avec les voisins*

e. ругаться с (коллега) .... → *se disputer avec un collègue*

f. познакомиться с (человек) .... → *faire connaissance*
avec une personne

g. заниматься (плавание) .... → *faire de la natation*

h. писать (фломастер) .... → *écrire avec un feutre*

4 Faites des phrases avec les mots proposés, en vous aidant de la traduction.
Ex. Вчера – Олег – быть – с – подруга = *Hier, Oleg était avec une amie.*
→ Вчера Олег был с подругой.

a. Раньше – он – работать – юрист = *Avant, il travaillait comme juriste.*
→ ....

b. Я – давно – жить – с – ты = *Je vis avec toi depuis longtemps.*
→ ....

c. Однажды – дети – быть – родители = *Un jour, les enfants seront parents.*
→ ....

d. Сейчас – Оля – писать – карандаш = *Maintenant Olia écrit avec un crayon.*
→ ....

e. Ты – постоянно – говорить – с – собака = *Tu parles tout le temps avec le chien.*
→ ....

5 Reconstituez le dialogue en mettant les mots entre parenthèses à la bonne forme.
Attention aux différents cas et à la conjugaison des verbes.

a. – Познакомься с моим (брат) .... → *Je te présente mon frère* (littéralement : *Fais connaissance avec mon frère*).
– Очень приятно! → *Enchanté !*

b. – Мы (идти) .... в спортзал → *Nous allons à la salle de sport.*

c. Он занимается (теннис) .... → *Il fait du tennis.*

d. Обычно он (ходить) .... с нашей (мама) ....
→ *D'habitude, il y va avec notre maman,*

e. но сегодня она целый день в (офис) ....
→ *mais aujourd'hui, elle est au bureau toute la journée,*

f. поэтому он (идти) .... в зал со (я) ....
→ *c'est pourquoi il va à la salle avec moi.*

g. (Хотеть) ...., пойдём с (мы) ....?
→ *Tu veux venir avec nous ?*

h. – С (удовольствие) ....! → *Avec plaisir !*

i. Я ведь тоже занимаюсь (спорт) .... → *Je fais du sport moi aussi.*

Banque de mots

давай! [davaï], *allez, vas-y !* mais aussi *donnez !*

дай! [daï], *donne !*

говори! [gavari], *parle !*

замолчи! [zamaltchi], *tais-toi !*

заходи! [zaHadi], *entre !*

отстань! [ats-tagne], *laisse-moi tranquille !*

забудь! [zabout^s], *oublie !*

иди сюда! [idi siouda], *viens ici !*

отдай! [addaï], *rends(-moi) !*

беги! [bigui], *cours !*

Petite astuce : pour mettre toutes ces formes impératives au pluriel, ajoutez **те** [tié] à la fin : **заходите!** [zaHaditié], *entrez !* ; **дайте!** [daïtié], *donnez !*

---

6 **Reliez les mots des deux colonnes de façon à réunir le singulier et le pluriel.**

a. дай [daï], *donne* •

b. сядь [siat^s], *assieds-toi* •

c. открой [atkroï], *ouvre* •

d. встань [fstagne], *lève-toi* •

e. держи [dirjy], *tiens* •

f. смотри [smatri], *regarde* •

g. спи [spi], *dors* •

h. давай [davaï], *vas-y* •

• 1. держите [dirjytié], *tenez*

• 2. дайте [daïtié], *donnez*

• 3. смотрите [smatritié], *regardez*

• 4. сядьте [siat'tié], *asseyez-vous*

• 5. давайте [davaïtié], *allez-y*

• 6. встаньте [fstan'tié], *levez-vous*

• 7. откройте [atkroïtié], *ouvrez*

• 8. спите [spitié], *dormez*

---

7 **Complétez les phrases en choisissant le bon verbe dans la liste.**

Отстань / Заходи / Отдай / Бегите / иди / Забудь / заходите Замолчи / Дайте

a. Вы уже здесь? Ну, ...! → *Vous êtes déjà ici ? Entrez donc !*

b. ....! → *Laisse-moi tranquille !*

c. .... эту историю! → *Oublie cette histoire !*

d. .... быстрее! → *Courez plus vite !*

e. ...., не стесняйся! → *Entre, ne sois pas timide !*

f. Скорее .... сюда! → *Viens vite ici !*

g. .... мне ваш номер! → *Donnez-moi votre numéro !*

h. Как ты смеешь? ....! → *Comment oses-tu ? Tais-toi !*

i. .... мою книгу! → *Rends-moi mon livre !*

L'accord des nombres

Pour accorder un nombre avec un nom, il faut appliquer les règles suivantes :

- Après le chiffre 1 et tous les nombres se terminant par 1 (21, 51, 101, etc.), on emploie le nominatif singulier. N'oubliez pas que **один** s'accorde en genre et nombre : **двадцать одна книга** [dvatsat^s adna kniga], *vingt et un livres*.

- Après les chiffres 2, 3, 4 et tous les nombres se terminant par 2, 3, 4, on utilise le génitif singulier : **два стола** [dva stala], *deux tables* ; **двадцать две книги** [dvatsat^s dvié knigui], *vingt-deux livres*.

- Après zéro, mais également après les nombres compris entre 5 et 20 et tous les nombres se terminant par 5 à 9, on utilise le génitif pluriel : **двадцать пять книг** [dvatsat^s piat^s knik], *vingt-cinq livres*.

8 Choisissez l'accord correct.

a. 1 garçon
1. м<u>а</u>льчика
2. м<u>а</u>льчиков
3. м<u>а</u>льчик

b. 5 personnes
1. чел<u>о</u>век
2. чел<u>о</u>века
3. чел<u>о</u>веков

c. 2 poissons
1. р<u>ы</u>бы
2. р<u>ы</u>б
3. р<u>ы</u>ба

d. 0 idée
1. ид<u>е</u>я
2. ид<u>е</u>й
3. ид<u>е</u>и

e. 3 maris
1. муж
2. муж<u>е</u>й
3. м<u>у</u>жа

f. 7 minutes
1. мин<u>у</u>т
2. мин<u>у</u>та
3. мин<u>у</u>ты

g. 31 couvertures
1. оде<u>я</u>л
2. оде<u>я</u>ла
3. оде<u>я</u>ло

h. 10 photos
1. фотогр<u>а</u>фий
2. фотогр<u>а</u>фии
3. фотогр<u>а</u>фия

i. 101 ballons
1. мяч<u>е</u>й
2. мяч
3. мяч<u>а</u>

9 Accordez les noms entre parenthèses avec les nombres.

a. 6 (час, *heure*) → ....

b. 2 (ночь, *nuit*) → ....

c. 50 (рубль, *rouble*) → ....

d. 0 (кр<u>е</u>сло, *fauteuil*) → ....

e. 4 (подр<u>у</u>га, *amie*) → ....

f. 31 (п<u>а</u>ра, *paire*) → ....

g. 19 (руб<u>а</u>шка, *chemise*) → ....

h. 11 (каранд<u>а</u>ш, *crayon*) → ....

i. 20 (л<u>а</u>мпа, *lampe*) → ....

10 **Remplissez le tableau avec les mots russes, en vous aidant de leur traduction.**

a.	С	У	П
b.			
c.			
d.			
e.			
f.			
g.			
h.			
i.			
j.			
k.			
l.			
m.			
n.			
o.			
p.			

1. *soupe* — помид<u>о</u>р
2. *fromage* — краб
3. *oignon* — <u>я</u>блоко
4. *pain* — ~~суп~~
5. *viande* — карт<u>о</u>фель
6. *crabe* — арб<u>у</u>з
7. *beurre* — лук
8. *pastèque* — колбас<u>а</u>
9. *sucre* — м<u>я</u>со
10. *concombre* — сыр
11. *pomme* — огур<u>е</u>ц
12. *poulet* — к<u>у</u>рица
13. *tomate* — шокол<u>а</u>д
14. *saucisson* — м<u>а</u>сло
15. *chocolat* — хлеб
16. *pomme de terre* — с<u>а</u>хар

Bravo, vous êtes venu à bout du chapitre 19 ! Il est maintenant temps de comptabiliser les icônes et de reporter le résultat en page 128 pour l'évaluation finale.

20
La déclinaison des adjectifs
L'accord des ordinaux

La déclinaison des adjectifs au singulier

Observez les terminaisons des adjectifs au singulier, à l'exemple des adjectifs durs **красный** [krasnyï], **красная** [krasna-ia], **красное** [krasna-ié], *rouge,* et mou **синий** [siniï], **синяя** [sini-ia], **синее** [sinié-ié], *bleu.*

Remarquez que le féminin est extrêmement facile, mais le masculin et le neutre également (ces derniers ont presque toujours la même déclinaison).

	Durs		Mous	
	Masculin, neutre	**Féminin**	**Masculin, neutre**	**Féminin**
N	красный, красное	красная	синий, синее	синяя
G	красного [krasnava]	красной [krasnaï]	синего [siniva]	синей [siniï]
D	красному [krasnamou]	красной [krasnaï]	синему [sinimou]	синей [siniï]
A	Comme au nominatif* ou comme au génitif**	красную [krasnou-iou]	Comme au nominatif* ou comme au génitif**	синюю [sini-iou]
I	красным [krasnym]	красной [krasnaï]	синим [sinim]	синей [siniï]
L	красном [krasnam]	красной [krasnaï]	синем [siniém]	синей [siniï]

* Pour les masculins inanimés et les neutres.
** Pour les masculins animés.

I Mettez les adjectifs et les noms suivants au cas indiqué.

a. сильный папа [sil'nyï papa] → *un papa fort* – accusatif : сильн _ _ _ пап_

b. круглое колесо [krougla-ié kalisso] → *une roue ronde* – génitif : кругл _ _ _ колес_

c. красивая девушка [krassiva-ia diévouchka] → *une belle jeune femme* – datif : красив _ _ девушк_

d. тяжёлый день [tijolyï diégne] → *une dure journée* – locatif : тяжёл _ _ дн_

e. простой ответ [prastoï atviét] → *une réponse simple* – instrumental : прост _ _ ответ_ _

f. интере́сная кни́га [intiriésna-ia kniga] ➜ *un livre intéressant* – locatif :
интересн _ _ книг_

g. счастли́вое де́тство [schisliva-ié diétstva] ➜ *une enfance heureuse*
– génitif : счастлив _ _ _ детств_

h. глубо́кий пруд [gloubokiï prout] ➜ *un étang profond* – accusatif :
глубок _ _ пруд

i. тёмный у́гол [tiomnyï ougal] ➜ *un coin sombre* – locatif :
тёмн _ _ угл_

j. сло́жная зада́ча [slojna-ia zadatcha] ➜ *un objectif compliqué*
– génitif : сложн _ _ задач_

k. гру́стная пе́сня [grousna-ia piésnia] ➜ *une chanson triste*
– locatif : грустн _ _ песн_

2 Mettez les adjectifs : a) au locatif ; b) à l'instrumental. ● ● ◌

a. **1.** Я учу́сь во (францу́зский) шко́ле. [ia outchoussⁱ vafrantsouskaï chkolié]
➜ *J'étudie à l'école française.*

....

2. Они́ купи́ли э́то на (центра́льный) ры́нке. [oni koupili êta
natsyntralⁱnam rynkié] ➜ *Ils ont acheté cela au marché central.*

....

3. Вас ви́дели на (Кра́сная) пло́щади. [vass vidili na krassnaï ploschidi]
➜ *On vous a vus sur la place Rouge.*

....

b. **1.** Мы горди́мся ва́шим (мла́дший) сы́ном. [my gardimsia vachym
mlatchym synam] ➜ *Nous sommes fiers de votre fils cadet.*

....

2. Вы дово́льны (но́вая) ня́ней. [vy davolⁱny novaï nianiéï] ➜ *Vous êtes
contents de la nouvelle nounou.*

....

3. Он рабо́тает (спорти́вный) тре́нером. [on rabota-iét spartivnym
tréniram] ➜ *Il travaille en tant qu'entraîneur sportif.*

....

La déclinaison des adjectifs au pluriel

Le pluriel est encore plus simple car il est commun à tous les genres.

	Durs	Mous
N	красные [krasny-ié]	синие [sini-ié]
G	красных [krasnyH]	синих [siniH]
D	красным [krasnym]	синим [sinim]
A	Comme au nominatif* ou comme au génitif**	Comme au nominatif* ou comme au génitif**
I	красными [krasnymi]	синими [sinimi]
L	красных [krasnyH]	синих [siniH]

* Pour les inanimés.
** Pour les animés.

L'usage des adjectifs

Les adjectifs répondent à la question **какой?** [kakoï],
quel ? (**какая?** [kaka-ia], *quelle ?* ; **какое?** [kako-ié],
quel ? ; **какие?** [kaki-ié], *quels / quelles ?*).

 3 Reportez chaque adjectif dans la colonne de la question correspondante.

	какой?	какая?	какое?
синий стол [siniï stol], *table bleue*			
красное яблоко [krasna-ié iablaka], *pomme rouge*			
чёрный шоколад [tchiornyï chykalat], *chocolat noir*			
коричневая шапка [karitchniva-ia chapka], *bonnet marron*			
голубое небо [galoubo-ié niéba], *ciel bleu (ciel)*			
фиолетовый фломастер [fialiétavyï flamastiér], *feutre violet*			
оранжевая футболка [aranjyva-ia foutbolka], *T-shirt orange*			
жёлтое солнце [jolta-ié sontsê], *soleil jaune*			
зелёная груша [ziliona-ia groucha], *poire verte*			
розовый галстук [rozavyï galstouk], *cravate rose*			
бордовая помада [bardova-ia pamada], *rouge à lèvres bordeaux*			

4 Complétez le tableau en accordant l'adjectif avec le nom.

Что? [chto], *que, quoi ?*	Кто? [kto], *qui ?*
a. русская компания [rousska-ia kampani-ia]	Я работаю в .... компании. *Je travaille dans une compagnie russe.*
b. серый кот [siéryï kot]	У него есть .... кот. *Il a un chat gris.*
c. большая квартира [balʲcha-ia kvartira]	Они купили .... квартиру. *Ils ont acheté un grand appartement.*
d. высокий человек [vyssokiï tchilaviék]	Она видит .... человека. *Elle voit un grand homme.*
e. весёлая девушка [vissiola-ia diévouchka]	Он встретил .... девушку. *Il a rencontré une jeune fille joyeuse.*
f. новый ресторан [novyï ristaran]	Мы обедаем в .... ресторане. *Nous déjeunons au nouveau restaurant.*
g. главный редактор [glavnyï ridaktar]	Раньше я был .... редактором. *Avant, j'étais rédacteur en chef.*

5 Mettez les adjectifs entre parenthèses au cas voulu.

a. Мы были на (важный) .... встрече. [my byli navajnaï fstriétchié]
→ *Nous étions à un rendez-vous important.*

b. Я иду на (детский) .... спектакль. [ia idou na diétskiï spiktaklʲ]
→ *Je vais à un spectacle pour enfants.*

c. Ей подарили (дорогой) .... туфли. [iéï padarili daragi-ié toufli]
→ *On lui a offert des chaussures chères.*

d. Слышишь эту (грустный) .... песню? [slychych êtou grousnou-iou piésniou] → *Entends-tu cette chanson triste ?*

e. Бабушка испекла много (вкусный) .... блинов. [babouchka ispikla mnoga fkousnyH blinof] → *La grand-mère a fait (cuit) beaucoup de bonnes crêpes.*

f. Нас познакомили с очень (странный) .... дамой. [nass paznakomili sotchigne strannaï damaï] → *On nous a présenté une dame très étrange.*

119

La météo

Какая сегодня погода? [kaka-ia sivodnia pagoda], *Quel temps fait-il aujourd'hui ?*

жара [jara], *chaleur, canicule*

тепло [tiplo], *il fait bon*

ветер [viétᵢᵉr], *vent*

дождь [dochtˢ], *pluie*

ливень [liviégne], *averse*

град [grat], *grêle*

снег [sniék], *neige*

холод [Holat], *froid*

мороз [maross], *froid (givre)*

пурга [pourga], *tempête de neige*

сугроб [sougrop], *tas de neige*

6 Complétez les phrases avec les mots correspondants de la banque de mots ou avec ceux que vous connaissez déjà.

a. *Quel temps fait-il aujourd'hui ?* → Какая сегодня ....? [kaka-ia sivodnia pagoda] – *Aujourd'hui, il fait beau : il fait bon et il n'y a pas de vent.* → Сегодня хорошая ....: .... и .... ветра. [sivodnia Harocha-ia pagoda tiplo i niét viétra]

b. *Et quel temps a-t-il fait hier ?* → А какая .... была ....? [a kaka-ia pagoda byla ftchira] – *Hier, il a plu et dans la soirée, il y a même eu de la neige.* → .... был ...., а вечером даже .... [ftchira byl dochtˢ a viétchiram dajê sniék]

c. *Quel temps fera-t-il demain ?* → .... будет завтра? [kaka-ia pagoda boudᵢᵉt zaftra] – *À la radio, on dit qu'il y aura une tempête de neige.* → По .... говорят, что завтра будет .... [paradio gavariat chto zaftra boudᵢᵉt pourga]

Les ordinaux

Les ordinaux russes ont les mêmes terminaisons que les adjectifs et s'accordent avec les noms en genre et en nombre. Leur déclinaison est également la même que celle des adjectifs.

7 Trouvez l'intrus.

a. Lequel n'est pas un nombre ?   девятый   тихий   первый   пятый

b. Lequel est un animé ?   книга   стол   кот   вода

c. Lequel est un animé ?   бал   мальчик   стул   зал

d. Lequel est un singulier ?   глаза   ноги   волосы   голова

8 Mettez les phrases suivantes au cas indiqué. ◉◉

a. вторая станция [ftara-ia stantsy-ia] ➜ *deuxième station* – accusatif :
втор ☐☐ станц ☐☐

b. нулевой километр [noulivoï kilamiétr] ➜ *kilomètre zéro* – locatif :
нулев ☐☐ километр ☐

c. шестое дело [chysto-ié diéla] ➜ *sixième affaire* – génitif :
шест ☐☐☐ дел ☐

d. первый муж [piérvyï mouch] ➜ *premier mari* – accusatif :
перв ☐☐☐ муж ☐

e. сотый раз [sotyï rass] ➜ *centième fois* – instrumental :
сот ☐☐ раз ☐☐

f. одиннадцатое приглашение [adinatsata-ié priglachêni-ié]
➜ *onzième invitation* – datif : одиннадцат ☐☐☐ приглашен ☐☐

9 Traduisez les phrases suivantes. ◉◉

a. Сегодня холодно, дождь и ветер. [sivodnia Holadna docht[s] i viét[ié]r]
➜ ....

b. Я хочу эту зелёную грушу. [ia Hatchou êtou zilionou-iou grouchou]
➜ ....

c. Ты занимаешься спортом? – Да, футболом. [ty zanima-iéchsia sportam? – da, foudbolam]
➜ ....

d. У него две книги и пять тетрадей. [ounivo dvié knigui i piat[s] titradiéï]
➜ ....

e. Утром мы пьём много молока. [outram my piom mnoga malaka]
➜ ....

f. Всё время смотришь телевизор… – Отстань, пожалуйста! [fsio vriémia smotrich tilivizar… – atstagne pajalousta]
➜ ....

g. Какая громкая музыка! [kaka-ia gromka-ia mouzyka]
➜ ....

Insérez les mots de la liste dans le texte suivant. Nous vous donnons la traduction pour faciliter la compréhension du texte.

хо́лодно / до́мом / остано́вку / больша́я / идёт / Ма́ше
му́зыкой / авто́бусе / тепло́ / шко́лу

(a) .... семь лет [ma̲chê siémⁱ liét]. Она̲ (b) .... де́вочка [ana bal'cha-ia dié̲vatcka]. Ма̲ша хо̲дит в (c) ...., а ве̲чером занима̲ется (d) .... [ma̲cha Ho̲dit fchko̲lou a vié̲tchiram zanima̲-itsa mo̲uzykaï]. Шко̲ла нахо̲дится ря̲дом с (e) .... [chko̲la naHo̲ditsa ria̲dam zdo̲mam]. Когда̲ (f) ...., Ма̲ша (g) .... туда̲ пешко̲м; когда̲ (h) ...., она̲ е̲дет на (i) .... одну̲ (j) .... [kadga tiplo̲ ma̲cha idio̲t touda̲ pichko̲m; kagda̲ Ho̲ladna ana̲ ié̲diét naafto̲boussié adno̲u astano̲fkou].

Macha a 7 ans. C'est une grande fille. Macha va à l'école et le soir, elle fait de la musique. L'école se trouve à côté de la maison. Quand il fait bon, Macha y va à pied ; quand il fait froid, elle prend le bus juste pour un arrêt.

Bravo, vous êtes venu à bout du chapitre 20 ! Il est maintenant temps de comptabiliser les icônes et de reporter le résultat en page 128 pour l'évaluation finale.

1. Alphabet, lettres, sons

❶ a. a b. o c. t d. s e. k f. m g. p

❷ a. la b. no c. ta d. vo e. kou f. si g. to h. cha i. pi j. rié

❸ a. souk b. pop c. ata d. mos e. vot f. pin g. roum h. lam i. nam j. zok

❹ a. [von] b. [sién] c. [roun] d. [ban] e. [tên] f. [vién] g. [moun] h. [on] i. [lién] j. [san]

❺ a. 7 b. 4 c. 9 d. 1 e. 2 f. 10 g. 3 h. 6 i. 8 j. 5

❻ a. [tou] – [tiou] b. [ma] – [mia] c. [so] – [sio] d. [my] – [mi] e. [lê] – [lié] f. [ty] – [ti] g. [vou] – [viou]

❼ À droite : зуд, муж, раз, зов, вид, миг ; à gauche : суп, рот, миф, кит, час

❽ a. 2 b. 3 c. 2 d. 1 e. 1 f. 2 g. 3 h. 2 i. 3 j. 1

2. Lisons ensemble

❶ a. [niét], *non* b. [papa], *papa* c. [lampa], *lampe* d. [chok], *choc* e. [banan], *banane* f. [viza], *visa* g. [bank], *banque* h. [tiékst], *texte*

❷ a. golass b. ana c. opira d. êta e. ti-atr f. kantsêrt g. tilifon

❸ 1. бомба 2. вот 3. дом 4. ель 5. зонт 6. кот 7. лес 8. мост 9. он 10. пол

❹ a. [gass] b. [lotka] c. [krap] d. [cha-ns] e. [taksi] f. [biliét]

❺ a. [ananass], *ananas* – 3 b. [roza], *rose* – 7 c. [stop], *stop* – 8 d. [gyraf], *girafe* – 6 e. [sport], *sport* – 4 f. [louna], *lune* – 1 g. [kastioum], *costume* – 5 h. [guitara], *guitare* – 2

❻ a. суп b. шеф c. йод d. футбол e. код f. бас g. тип

❼ a. 1 b. 3 c. 1 d. 2 e. 2 f. 3 g. 1 h. 2 i. 3

❽ a. банан b. газ c. водка d. какао e. матрёшка f. крем

3. Le nominatif, le masculin singulier, animé-inanimé

❶ a. а – а, массаж b. о – б, бомба c. г – и, гид d. а – п, лампа e. р – с – р – а, ресторан f. з – б, зебра g. ш – к – л, шоколад h. а – д – а, радар

❷ mous : b, c, g, i ; durs : a, d, e, f, h

❸ a, d, e, g, i, j, l

❹ a. [ti-atr], masculin – 10 b. [massa] – 5 c. [borsch], masculin – 2 d. [ziébra] – 7 e. [idié-ia] – 3 f. [diskatiéka] – 9 g. [tsar], masculin – 6 h. [mimoza] – 1 i. [têst], masculin – 4 j. [fizika] – 8

❺ a, c, d, f, g, h

❻ a. Кто b. Что c. Кто d. Кто e. Что f. Что g. Кто h. Что. Les mots masculins sont : стул, президент, врач, ребёнок

❼ a. дом b. виза c. банан d. костюм e. концерт

❽ a. 2. Ce n'est pas une boisson. b. 3. C'est le seul mot qui n'est pas masculin. c. 1. C'est le seul mot inanimé

4. Le nom féminin singulier – Les mots interrogatifs

❶ d, e, g, i

❷ a. опера b. билет c. зуб d. луна e. жираф f. окно

❸ медведь, *ours*, m ; кровать, *lit*, f ; книга, *livre*, f ; арбуз, *pastèque*, m ; корабль, *bateau*, m ; зебра, *zèbre*, f ; корова, *vache*, f ; нос, *nez*, m

❹ a. [risk] b. [jyzgne] c. [vot] d. [pout°] e. [ma-iak] f. [glaza] g. [mysl¹] h. [gouba]

❺ a. 2 b. 5 c. 7 d. 6 e. 4 f. 3 g. 1

❻ весна, *printemps* ; лето, *été* ; осень, *automne* ; зима, *hiver*

❼ машина [machyna], *voiture*

❽ a. 3 b. 1 c. 2 d. 1 e. 3 f. 3 g. 2 h. 1

❾ a. f d. m e. f f. g. m i. m j. f. Les autres noms sont neutres

5. Le nom neutre singulier – Les pronoms personnels – La négation

❶ a. [stoudiént], *étudiant* b. [radi-o], *radio* c. [aftobouss], *autobus* d. [aktior], *acteur* e. [fil'm], *film* f. [ouniᵛᵉrsitiét], *université* g. [mouzyka], *musique* h. [fatagrafi-ia], *photographie* i. [mitro], *métro* j. [prizidiént], *président*

❷ a. M b. F c. M d. N e. F f. F g. M h. N i. M j. N k. N

❸ Париж – Франция ; Лондон – Англия ; Рим – Италия ; Москва – Россия ; Берлин – Германия ; Мадрид – Испания ; Токио – Япония

❹ пальто ; здание ; метро ; вино

❺ a. он b. оно c. он d. она e. оно f. она g. он h. оно i. он j. она

❻ a. 5 – книга b. 7 – рука c. 1 – весна d. 9 – почему e. 2 – корова f. 4 – арбуз g. 8 – кровать h. 3 – стакан i. 6 – брюки

❼ a. Вот он b. Вот оно c. Вот она d. Вот он e. Вот она f. Вот он

❽ ДА a. Да, это сегодня. b. Да, это лес. c. Да, это чай. d. Да, это Виктор. e. Да, это библиотека.
НЕТ a. Нет, это не крокодил. b. Нет, это не телефон. c. Нет, это не юбка. d. Нет, это не тетрадь. e. Нет, это не завтра.

6. Le pluriel des noms masculins – L'incompatibilité orthographique

❶ a. *sol*, полы [paly] b. *pronostic*, прогнозы [pragnozy] c. *billet*, билеты [biliéty] d. *cheval*, кони [kogni] e. *crabe*, крабы [kraby] f. *chance*, шансы [chansy] g. *verre*, стаканы [stakany] h. *dent*, зубы [zouby] i. *étudiant*, студенты [stoudiénty] j. *musée*, музеи [mouzié-i]

❷ a. города b. дни c. глаза d. рты e. дома f. пальцы g. паспорта h. коты i. учителя

❸ a. N b. M c. N d. F e. N f. F g. M h. F i. M j. F

❹ американец – американка ; англичанин – англичанка ; испанец – испанка ; итальянец – итальянка ; немец – немка ; россиянин – россиянка ; француз – француженка ; японец – японка

❺ a. газы b. дни c. коды d. чаи e. зонты f. рты g. часы

❻ a. шефы b. кони c. мячи d. столы e. рубли f. города g. клеи h. карандаши i. утюги j. водители k. учителя l. бананы

❼ a. 2 b. 1 c. 2 d. 3 e. 1 f. 1 g. 3

❽ a. мамы b. дома c. столы d. коты e. моря f. жирафы

❾ a. день, *jour* b. доктор, *docteur* c. немец, *Allemand* d. нос, *nez* e. ребёнок, *enfant* f. дом, *maison* g. царь, *tsar* h. папа, *papa* i. глаз, *œil* j. рот, *bouche*

❿ a. *tomate*, M b. *fenêtre*, N c. *eau*, F d. *chien* F e. *été*, N f. *médecin*, M g. *verre*, M h. *porte*, F i. *pied, jambe* F j. *mer*, N

⓫ a. [s] b. [t] c. [H] d. [k] e. [p] f. [ch] g. [s] h. [H] i. [p] j. [t] k. [k] l. [ch]

7. Le pluriel des noms féminins — Les pronoms personnels

① **a.** [bank], *banque* **b.** [machyna], *voiture* **c.** [faks], *fax* **d.** [ofiss], *bureau* **e.** [alo], *allô* **f.** [ti-atr], *théâtre* **g.** [fatograf], *photographe* **h.** [kampani-ia], *compagnie* **i.** [kassiéta], *cassette* **j.** [tilivizar], *télévision*

② **a.** машина **b.** человек **c.** жираф **d.** день **e.** стол

③ **a.** лампа **b.** мысль **c.** подушка **d.** сестра **e.** идея **f.** коза **g.** площадь **h.** дочь **i.** часть **j.** земля

④ **a.** стены **b.** тени **c.** губы **d.** кровати **e.** зимы **f.** мыши **g.** коровы **h.** собаки **i.** люстры

⑤ **a.** Je suis étudiant. **b.** Elle est française. **c.** Ils sont enfants. **d.** Êtes-vous médecin ? **e.** Il est ici. **f.** Nous sommes sœurs. **g.** Où es-tu ?

⑥ **a.** собака **b.** окно **c.** словарь **d.** море **e.** рот **f.** площадь **g.** метро **h.** губа **i.** ковёр

⑦ **a.** двери **b.** студентки **c.** газеты **d.** квартиры **e.** подруги **f.** картины **g.** фотографии **h.** дачи **i.** комнаты

⑧ **a.** 5 **b.** 2 **c.** 10 **d.** 4 **e.** 7 **f.** 9 **g.** 6 **h.** 1 **i.** 8 **j.** 3

⑨ **a.** рот **b.** нос **c.** рука **d.** нога **e.** палец **f.** голова

8. Le pluriel des noms neutres — Les adjectifs possessifs

① 1. я, *je* 2. да, *oui* 3. там, *là-bas* 4. офис, *bureau* 5. здесь, *ici* 6. собака, *chien* 7. подушка, *oreiller* 8. квартира, *appartement* 9. полотенце, *serviette* 10. математика, *mathématiques* 11. француженка, *Française*

② **a.** F **b.** M **c.** N **d.** F **e.** N **f.** M **g.** F **h.** M **i.** F **j.** N **k.** M **l.** M

③ **a.** окна **b.** деревья **c.** места **d.** яблоки **e.** перья **f.** имена **g.** колёса **h.** лица

④ **a.** лбы, M **b.** дочери, F **c.** зеркала, N **d.** дни, M **e.** люди, M **f.** сёстры, F **g.** поезда, M **h.** кольца, N **i.** этажи, M **j.** слова, N

⑤ **a.** окно **b.** пальто **c.** море **d.** растение **e.** дерево **f.** яблоко

⑥ 1. вечер, *soir*, M 2. бабочка, *papillon*, F 3. город, *ville*, M 4. утюг, *fer à repasser*, M 5. окно, *fenêtre*, N 6. кресло, *fauteuil*, N 7. крокодил, *crocodile*, M

⑦ **a.** полотенца **b.** здания **c.** растения **d.** деревья **e.** мучения

⑧ **a.** слева **b.** впереди – сзади **c.** дома **d.** справа

⑨ **a.** 1 **b.** 2 **c.** 3 **d.** 1 **e.** 3 **f.** 1 **g.** 2 **h.** 3

⑩ **a.** mon fils **b.** sa grand-mère (à lui) **c.** tes idées **d.** notre café **e.** sa voix (à elle) **f.** votre maître **g.** ton numéro **h.** leur oncle **i.** ma photographie

⑪ помидоры, *tomates* ; молоко, *lait* ; сыр, *fromage* ; курица, *poulet* ; картофель, *pomme de terre* ; колбаса, *saucisson*

9. L'accord en genre et en nombre de l'adjectif

① **a.** dur **b.** mou **c.** dur **d.** mou **e.** dur **f.** dur **g.** mou **h.** mou **i.** mou **j.** dur **k.** mou **l.** dur

② **a.** M **b.** F **c.** N **d.** F **e.** M **f.** M **g.** F **h.** N **i.** N **j.** M **k.** N **l.** F

③ красный – мяч ; белое – облако ; чёрная – перчатка ; зелёный – кактус ; жёлтое – ведро ; голубая – дверь ; коричневая – собака

④ **a.** новый галстук [novyï galstouk] **b.** толстая шея [tolsta-ia chê-ia] **c.** домашнее задание [damachnié-ié zadani-ié] **d.** надувная лодка [nadouvna-ia lotka] **e.** громкий звук [gromkiï zvouk] **f.** осенняя погода [assiénni-ia pagoda] **g.** чёрное такси [tchiorna-ié taksi] **h.** тихая улица [tiHaia oulitsa] **i.** больная собака [bal'na-ia sabaka] **j.** нижняя полка [nijni-ia polka] **k.** горячее молоко [gariatchié-ié malako] **l.** спелое яблоко [spiéla-ié iablaka] **m.** синее море [sinié-ié morié]

⑤ [magazi-n] ; [journal] ; [bakal] ; [kanikouly] ; [famili-ia] ; [kompass] ; [diébri] ; [talo-n] ; [parol']

⑥ **a.** плохая **b.** милый **c.** белое **d.** здешняя **e.** злая **f.** бесконечное

⑦ **a.** лишние **b.** прежние **c.** радостные **d.** высокие **e.** грустные **f.** розовые **g.** ранние **h.** большие **i.** здоровые **j.** искренние **k.** внутренние **l.** худые

⑧ **a.** 3 **b.** 5 **c.** 8 **d.** 1 **e.** 4 **f.** 9 **g.** 7 **h.** 2 **i.** 6

⑨ **a.** Сегодня хороший день **b.** Это интересная книга **c.** Вы кто? – Я – молодой студент **d.** Это твоя младшая сестра? – Да, это она.

⑩ **a.** спокойные дети **b.** весёлые песни **c.** овальные зеркала **d.** правильные адреса **e.** тёмные ночи **f.** холодные моря **g.** умные сёстры **h.** мои номера **i.** великолепные музеи **j.** добрые люди

10. Le verbe au présent et la conjugaison du premier groupe

① **a.** 1. читаешь 2. читаем 3. читают **b.** 1. играет 2. играешь 3. играете **c.** 1. работаешь 2. работает 3. работают **d.** 1. покупаю 2. покупает 3. покупаешь **e.** 1. думаешь 2. думаете 3. думает **f.** 1. знаю 2. знаем 3. знают **g.** 1. решаешь 2. решаем 3. решает **h.** 1. ругаю 2. ругают 3. ругаете

② ты играешь

③ **a.** ты идёшь **b.** он делает **c.** я решаю **d.** мы ругаем **e.** она думает **f.** вы покупаете **g.** оно работает **h.** они идут

④ **a.** читаешь **b.** читает **c.** читаем **d.** читаете **e.** читают **f.** несу **g.** ты **h.** несёт **i.** несём **j.** несёте

⑤ **a.** Они врачи. **b.** Они студенты. **c.** Они журналисты. **d.** Они актёры.

⑥ делаем

⑦ 1. **a.** Мы идём. **b.** Они работают. **c.** Вы читаете. **d.** Они делают. 2. **a.** Ты решаешь. **b.** Он играет. **c.** Она думает. **d.** Я несу.

⑧ **a.** 4 **b.** 1 **c.** 7 **d.** 3 **e.** 8 **f.** 5 **g.** 2 **h.** 6

⑨ **a.** читаем **b.** слушаешь **c.** делаю **d.** думает – решает

⑩ **a.** Это наши дети. **b.** Это твои поезда. **c.** Это его планшеты. **d.** Это мои идеи. **e.** Это ваши проблемы. **f.** Это их пути. **g.** Это её зеркала. **h.** Это ваши галстуки.

11. La conjugaison du deuxième groupe — Les chiffres

① **a.** 1. держу 2. держит 3. держит **b.** 1. говорим 2. говоришь 3. говорит **c.** 1. смотрите 2. смотрит 3. смотрят **d.** 1. дышим 2. дышит 3. дышу **e.** 1. лежишь 2. лежите 3. лежит **f.** 1. любим 2. любишь 3. люблю **g.** 1. видите 2. вижу 3. видят **h.** 1. слышу 2. слышишь 3. слышит

② **a.** говорю **b.** любит **c.** смотрит

③ верить **a.** ты веришь **b.** он верит **c.** мы верим **d.** вы верите **e.** они верят учить : **a.** я учу **b.** ты учишь **c.** он учит **d.** мы учим **e.** вы учите

4 **a.** вижу **b.** верят **c.** слышит **d.** говорим **e.** смотришь

5 **a.** смотришь, *Tu regardes* **b.** держат, *Ils tiennent* **c.** слышите, *Vous entendez* **d.** видят, *Ils (elles) voient tout.* **e.** любим, *Nous aimons.*

6 **1.** e **2.** a **3.** g **4.** c **5.** h **6.** b **7.** f **8.** d

7 **a.** [adin] **b.** [dva] **c.** [tri] **d.** [tchityrié] **e.** [piatˢ] **f.** [chêstˢ] **g.** [siémⁱ] **h.** [vossiémⁱ] **i.** [diévitˢ] **j.** [diéssitˢ] **k.** [nolⁱ]

8 **a.** два музея **b.** пять рек **c.** одно правило **d.** две девочки **e.** три сестры **f.** одни дома **g.** семь дней **h.** одно условие

9 **a.** лежит **b.** слышат **c.** говорите **d.** видят **e.** светит **f.** люблю **g.** знают

10 **1ᵉʳ groupe :** знать, писать, играть, делать, думать, работать, идти - **2ᵉ groupe :** любить, слышать, держать, говорить, учить, смотреть, видеть

11 **a.** L'acteur joue sur scène. **b.** Tu lis un livre intéressant. **c.** Voici le téléphone. – Merci ! **d.** Où allez-vous demain ? **e.** Aujourd'hui la mer est froide.

12. La négation – Le verbe être – Les verbes réfléchis – Les ordinaux

1 **a.** это не синее окно, а красное. **b.** это не их дочь. **c.** я не вижу Машу. **d.** я вижу не Машу.

2 **a.** есть брат **b.** здесь есть **c.** дома – хлеб **d.** есть собака **e.** здесь – вода **f.** звёзды **g.** нет **h.** Сегодня – фильм

3 **1.** d **2.** a **3.** c **4.** b

4 **a.** будет **b.** будешь **c.** будем **d.** будут **e.** будет **f.** буду

5 **1.** делаюсь **2.** делается **3.** делаешься **b.** **1.** обидимся **2.** обидятся **3.** обижусь **c.** **1.** решаешься **2.** решаетесь **3.** решается **d.** **1.** лечусь **2.** лечатся **3.** лечится **e.** **1.** слушаемся **2.** слушаешься **3.** слушаюсь **f.** **1.** видетесь **2.** вижусь **3.** видятся **g.** **1.** договорюсь **2.** договоришься **3.** договоримся **h.** **1.** учусь **2.** учится **3.** учитесь

6 **1.** f. **2.** e. **3.** d. **4.** a. **5.** c. **6.** h. **7.** g. **8.** b.

7 **a.** Allô ! Qui parle ? **b.** C'est très important ! **c.** Pourquoi est-il joyeux ? **d.** Tout sera bien. **e.** Où est le café ? **f.** Il est japonais et elle, elle est américaine. **g.** Les enfants vont tout droit. **h.** C'est votre problème.

8 **a.** 2 **b.** 3 **c.** 1 **d.** 1 **e.** 2 **f.** 3 **g.** 2

9 **a.** пятый ряд **b.** первая книга **c.** третья сестра **d.** нулевой километр **e.** шестые перчатки **f.** второе чтение **g.** восьмой раз **h.** десятый человек **i.** четвёртое здание **j.** седьмое небо

10 **a.** играешь **b.** люблю **c.** говорят **d.** слушает **e.** вижу **f.** думаете

13. Les verbes de position – Verbes perfectifs et imperfectifs

1 **a.** **1.** кладу **2.** кладём **3.** кладёт **b.** **1.** стоишь **2.** стоит **3.** стоят **c.** **1.** вешаете **2.** вешают **3.** вешает **d.** **1.** лежишь **2.** лежу **3.** лежим **e.** **1.** ставите **2.** ставим **3.** ставлю **f.** **1.** сидите **2.** сижу **3.** сидят **g.** **1.** стоит **2.** стоишь **3.** стоим

2 **1.** d **2.** a **3.** f **4.** b **5.** e **6.** c

3 **a.** стоит **b.** идут **c.** лежит **d.** вешаю **e.** стоит **f.** сидит

4 **a.** Дети сидят на диване. **b.** Сколько стоят эти груши? **c.** Мы ставим бутылку на стол. **d.** Мальчики кладут тетрадь в сумку.

5 **a.** молоко **b.** сыр **c.** арбуз **d.** банан **e.** колбаса **f.** яблоко

6 **Imperfectif :** a d f – **Perfectif :** b c e

7 **a.** сказать **b.** прочитать **c.** сломать **d.** съесть **e.** пойти **f.** сделать **g.** купить **h.** решить

8 **a.** едем – Nous allons au théâtre. **b.** идут – Les gens vont au travail. **c.** решает – Le directeur décide pour nous. **d.** делает – L'élève fait les devoirs lui-même. **e.** говорит – Maman lui dit tout. **f.** ломаешь – Tu casses la chaise !

9 **a.** **1.** сломаю **2.** сломает **3.** сломаете **b.** **1.** покупаем **2.** покупают **3.** покупает **c.** **1.** решишь **2.** решит **3.** решите **d.** **1.** работаем **2.** работаю **3.** работают **e.** **1.** купит **2.** купите **3.** куплю **f.** **1.** желаем **2.** желают **3.** желает **g.** **1.** узнаю **2.** узнаете **3.** узнает **h.** **1.** скажешь **2.** скажем **3.** скажет

10 **a.** стол **b.** стул **c.** лампа **d.** диван **e.** кресло **f.** подушка **g.** зеркало **h.** полотенце

14. Les verbes irréguliers – Le passé

1 **1.** d **2.** a **3.** e **4.** b **5.** c

2 **a.** спит – играет **b.** даёте **c.** хочу **d.** даст **e.** дам **f.** зовут **g.** хотим

3 **a.** едим **b.** ем – пью **c.** едим **d.** хочу – делает **e.** готовит **f.** хотим – даёт **g.** едите – пьёте

4 **a.** делал **b.** захотели **c.** звал(а) **d.** давал(а) **e.** сидела **f.** ругались **g.** видел

5 **a.** шли **b.** ели **c.** могло **d.** умер **e.** пошли

6 **1.** c **2.** a **3.** d **4.** b

7 **1.** c **2.** e **3.** a **4.** d **5.** f **6.** b

8 **a.** Как **b.** Где **c.** Кто **d.** Когда **e.** Что

9 **a.** Доброе утро! **b.** Спасибо! **c.** Добрый вечер! **d.** Доброй ночи! ou Спокойной ночи! **e.** До свидания! **f.** Привет!

10 **À l'école.**
À l'école, il y a notre classe. Dans la classe, il y a des tables. Sur les tables il y a des livres et des cahiers. Je suis assis(e) sur une chaise à côté de la fenêtre. Le maître est debout à droite. Il parle et nous, nous écoutons.

15. La déclinaison des pronoms personnels – Le nominatif – Le datif

1 **a.** Elle regarde un film. **b.** Mon frère travaille beaucoup. **c.** Léna fait mal la pizza. **d.** Nous connaissons ces gens. **e.** Katia étudie à l'université. **f.** Françoise va dans le métro. **g.** Vitia joue parfaitement au tennis. **h.** Erik et Tania font tout vite.

2 **a.** меня **b.** его **c.** нам **d.** ими **e.** мне **f.** вас **g.** ей **h.** мне **i.** тобой **j.** им **k.** нас **l.** его **m.** мной

3 **a.** зовут **b.** мной **c.** её **d.** нам **e.** их **f.** ними

4 **a.** её **b.** вами **c.** его **d.** им **e.** тебе **f.** нами

5 **a.** игре **b.** человеку **c.** ночи **d.** Ольге **e.** книге **f.** дяде **g.** Ване **h.** морю **i.** коню **j.** Игорю **k.** ситуации **l.** руке

6 a. детям b. домам c. столам d. ночам e. брюкам f. морям g. пулям h. окнам

7 a. медведь, _ours_ b. площадь, _place_ c. час, _heure_ d. губа, _lèvre_ e. стакан, _verre_ f. зима, _hiver_ g. часы, _montre_ h. Россия, _Russie_ i. брюки, _pantalon_

8 a. Нашему шефу Ивану. b. Вашей соседке Ирине. c. Моему брату Сергею. d. Его внуку Максу. e. Их сыну Коле. f. Её собаке Жучке.

9 a. ему b. им c. ей d. им

10 a. в b. с c. через d. без e. Для f. Перед g. из

11 a. Elle a faim. b. Là-bas, nous aurons froid. c. Quand il est seul, il a peur. d. As-tu soif ? e. Nous voyons que vous avez chaud. f. Les enfants ont sommeil. g. Je m'appelle Victoria.

16. Le locatif – Prénoms et patronymes – Déclinaison des pronoms interrogatifs

1 a. книге b. ситуации c. школе d. окне e. шкафу f. ресторане g. музее h. саду i. отеле

2 a. на лбах b. в мыслях c. в рубашках d. в такси e. на шеях f. в пижамах g. в кафе h. на морях

3 a. 2 b. 1 c. 3 d. 2 e. 2 f. 3 g. 1

4 a. Мы сидим в креслах. b. Они сейчас в школах. c. Дети стоят на площадях. d. В зданиях есть двери.

5 в : музее, аэропорту, институте, ящике, школе, магазине, карманах, Париже
на : улице, рынке, работе, полу

6 a. Таня в Праге, _Tania est à Prague._ b. Никита в Лондоне, _Nikita est à Londres._ c. Сева в Риме, _Siéva est à Rome._ d. Лиза в Барселоне, _Lisa est à Barcelone._ e. Лука в Варшаве, _Louka est à Varsovie._ f. Оля в Москве, _Olia est à Moscou._ g. Вова в Санкт-Петербурге, _Vova est à Saint-Pétersbourg._ h. Катя в Пекине, _Katia est à Pékin._

7 a. Она в театре, _Elle est au théâtre._ b. Он в больнице, _Il est à l'hôpital._ c. Они на концерте, _Ils sont au concert._ d. Она в университете, _Elle est à l'université._ e. Он в офисе, _Il est au bureau._

8 a. в феврале b. в марте c. в апреле d. в мае e. в июне f. в июле g. в августе h. в сентябре i. в октябре j. в ноябре k. в декабре

9 a. Кому b. чём c. кем d. Кого e. Чего f. Что g. кого

10 a. на работе, _au travail._ b. в ресторане, _au restaurant._ c. на дискотеке, _à la discothèque._ d. в школе, _à l'école._ e. на кухне, _dans la cuisine._ f. дома, _à la maison._

17. Le génitif singulier et pluriel

1 a. краба b. шеи c. рубашки d. француженки e. чая f. вилки g. колеса h. звезды i. ночи j. галстука

2 a. бабушки b. школы c. врача d. больницы e. отеля f. дома g. здания

3 a. 2 b. 1 c. 3 d. 3 e. 2 f. 1 g. 1 h. 2

4 a. стаканов b. колец c. мячей d. слов e. рублей f. площадей

5 a. воды b. лекарств c. риса d. мальчика e. журналов f. отпуска g. гостей h. сумки i. вечера

6 a. сестра b. корова c. дверь d. рубашка e. земля f. армия g. кровать h. аллея

7 a. У брата нет вин. b. У Виктора нет идей. c. У него нет ламп. d. У дамы нет собак. e. У Саши нет сыров. f. У соседа нет кресел. g. У учителя нет книг. h. У подруги нет зеркал.

8

Один/Одна/Одно	Нет	Много
яблоко, _pomme_	яблока	яблок
море, _mer_	моря	морей
рубашка, _chemise_	рубашки	рубашек
машина, _voiture_	машины	машин
письмо, _lettre_	письма	писем
улица, _rue_	улицы	улиц
кольцо, _anneau_	кольца	колец
идея, _idée_	идеи	идей
гость, _invité_	гостя	гостей
врач, _médecin_	врача	врачей
станция, _station_	станции	станций

9 a. У них сегодня нет занятий. b. У вас нет билетов. c. У него нет проблем. d. В магазине нет карандашей. e. Здесь нет людей. f. У тебя нет сомнений. g. В киоске нет журналов. h. Нет новостей.

10 a. вина b. колбасы c. молока d. сахара e. масла f. мяса g. конфет h. овощей i. яблок j. шоколада

18. L'accusatif – La localisation avec ou sans mouvement – Les adverbes

1 a. сыр, _fromage_ b. шею, _cou_ c. бабочку, _papillon_ d. молоко, _lait_ e. собаку, _chien_ f. море, _mer_ g. коня, _cheval_ h. дочь, _fille_ i. волну, _vague_ j. брата, _frère_

2 a. готовит b. смотрю c. любит d. читает e. пьют f. слушает

3

читать – книга	Я читаю книгу. → _Je lis un livre._
писать – письмо	Мы пишем письмо. → _Nous écrivons une lettre._
хотеть – кот	Я хочу кота. → _Je veux un chat._
звать – своя сестра	Она зовёт свою сестру. → _Elle appelle sa sœur._
понимать – я	Ты меня понимаешь? → _Tu me comprends ?_
знать – вы	Мы вас знаем. → _Nous vous connaissons._
есть – рыба	Вы едите рыбу? → _Mangez-vous du poisson ?_

4 **a.** Президента **b.** Курицу и рис **c.** Катю и Олега **d.** Сигару **e.** преподавателя

5 Где? : в лесу – на работе – дома – в музее – в саду – на море
Куда? : в университет – на почту – в отель – на улицу – в Москву – в Париж

6 **a.** в понедельник **b.** во вторник **c.** в среду **d.** в четверг **e.** в пятницу **f.** в субботу **g.** в воскресенье

7 **a.** снять комнату – 3 **b.** знать правила – 6 **c.** смотреть комедию – 1 **d.** считать деньги – 7 **e.** ходить в библиотеку – 5 **f.** узнать старого друга – 2 **g.** решать проблемы – 4

8 **a.** родителей **b.** окна **c.** котов **d.** розы **e.** сестёр **f.** часы **g.** врачей **h.** дома **i.** газеты **j.** подруг

9 быстро, всегда, редко, иногда, часто, никогда, рано, поздно

10 **a.** часто **b.** весело **c.** иногда **d.** никогда **e.** поздно **f.** плохо **g.** рано **h.** редко

19. L'instrumental – L'accord des nombres

1 **a.** крокодилом **b.** ручкой **c.** тётей **d.** гриппом **e.** человеком **f.** зданием **g.** пингвином **h.** карандашом **i.** печью **j.** чаем

2 **a.** бутылками **b.** утюгами **c.** кораблями **d.** свечами **e.** сапогами **f.** деньгами **g.** звёздами **h.** красками **i.** идеями **j.** зимами

3 **a.** врачом [stat⁵ vratchom] **b.** друзьями [sporit⁵ zdrouziami] **c.** учителем [rabotat⁵ outchitiliém] **d.** соседями [razgavarivat⁵ ssassiédiami] **e.** коллегой [rougatsa skalliégaï] **f.** человеком [paznakomitsa stchilaviékam] **g.** плаванием [zanimatsa plavani-iém] **h.** фломастером [pisat⁵ flamastiram]

4 **a.** Раньше он работал юристом. **b.** Я давно живу с тобой. **c.** Однажды дети будут родителями. **d.** Сейчас Оля пишет карандашом. **e.** Ты постоянно говоришь с собакой.

5 **a.** братом **b.** идём **c.** теннисом **d.** ходит – мамой **e.** офисе **f.** идёт – мной **g.** Хочешь – нами **h.** удовольствием **i.** спортом

6 **a.** 2 **b.** 4 **c.** 7 **d.** 6 **e.** 1 **f.** 3 **g.** 8 **h.** 5

7 **a.** заходите **b.** Отстань **c.** Забудь **d.** Бегите **e.** Заходи **f.** иди **g.** Дайте **h.** Замолчи **i.** Отдай

8 **a.** 3 **b.** 1 **c.** 1 **d.** 2 **e.** 3 **f.** 1 **g.** 3 **h.** 1 **i.** 2

9 **a.** часов **b.** ночи **c.** рублей **d.** кресел **e.** подруги **f.** пара **g.** рубашек **h.** карандашей **i.** ламп

10 **a.** суп **b.** сыр **c.** лук **d.** хлеб **e.** мясо **f.** краб **g.** масло **h.** арбуз **i.** сахар **j.** огурец **k.** яблоко **l.** курица **m.** помидор **n.** колбаса **o.** шоколад **p.** картофель

20. La déclinaison des adjectifs – L'accord des ordinaux

1 **a.** сильного папу **b.** круглого колеса **c.** красивой девушке **d.** тяжёлом дне **e.** простым ответом **f.** интересной книге **g.** счастливого детства **h.** глубокий пруд **i.** тёмном углу **j.** сложной задачи **k.** грустной песне

2 **a.** 1. французской 2. центральном 3. Красной **b.** 1. младшим 2. новой 3. спортивным

3 какой? : синий – чёрный – фиолетовый – розовый
какая? : коричневая – оранжевая – зелёная – бордовая
какое? : красное – голубое – жёлтое

4 **a.** русской **b.** серый **c.** большую **d.** высокого **e.** весёлую **f.** новом **g.** главным

5 **a.** важной **b.** детский **c.** дорогие **d.** грустную **e.** вкусных **f.** странной

6 **a.** погода – погода – тепло – нет **b.** погода – вчера – Вчера – дождь – снег **c.** Какая погода – радио – пурга

7 **a.** тихий **b.** кот **c.** мальчик **d.** голова

8 **a.** вторую станцию **b.** нулевом километре **c.** шестого дела **d.** первого мужа **e.** сотым разом **f.** одиннадцатому приглашению

9 **a.** Aujourd'hui, il fait froid, il pleut et il y a du vent. **b.** Je veux cette poire verte. **c.** Fais-tu du sport ? – Oui, du foot. **d.** Il a deux livres et cinq cahiers. **e.** Le matin, nous buvons beaucoup de lait. **f.** Tu regardes la télé tout le temps… – Laisse-moi tranquille, s'il te plaît ! **g.** Quelle musique forte !

10 **a.** Маше **b.** большая **c.** школу **d.** музыкой **e.** домом **f.** тепло **g.** идёт **h.** холодно **i.** автобусе **j.** остановку

Crédits iconographiques

Fotolia : Sentivo : 45, 29 – **Shutterstock** : Aleutie : 65, 12b; alexokokok : 45g; Anastasia Boiko : 13bd; andromina : 45hd; Aniwhite : 3hd, 12hd; ankomando : 40bm, 79hg; AnnaFrajtova : 26hd; AnthonyKrikorian : 10b, 95; AnutaBerg : 57m; arbit : 70; ARTBALANCE : 13m; Artisticco : 15(tomate), 42m (tomates); asantosg : 7b; barberry : 13g; Barmaleeva : 97d; belkatt : 15, 42m; benchart : 20h (lit); Beresnev : 34b, 42g, 88b; Blablo101 : 6b, 89; BoBaa22 : 20; Chaliya : 70b (banc); Chernoskutov Mikhail : 118; Dashikka : 27hd, 92; davorana : 97g; Delices : 20, 115; derter : 29hg; Dooder : 64md, 76; ekler : 59md; Ellegant : 11; Eloku : 101; Evellean : 17b, 24bd; Evikka : 48hd; Fotinia : 100; FredHo : 70m (lit); graphic-line : 109; grossishut : 24hd (Madrid); gst : 42 (lait), 104; Huza : 108; IconicBestiary : 122; Incomible : 3b, 20, 48hd, 49, 85, 114; inithings : 36hd, 112; jesadaphorn : 57g, 79b, 99; johavel : 64g; JuliaTim : 46, 105; karawan : 110bg; Kavoon : 107hd; KissBeetle : 20 (nez); kmlmtz66 : 6; Kseniia Voropaeva : 19, 20m (voile); LanaN : 14; liskus : 25b; LorelynMedina : 75; Lyudmyla Kharlamova : 110; Macrovector : 11, 20 (vache), 24hg, 30b, 32, 34hg, 40, 58, 60hd, 70bd, 70hd, 72, 83; maraga : 42d; Marina Hernandez : 16h; Marish : 9, 121; mart : 13; MartialRed : 36md; Marzolino : 15 (oignon); MaschaTace : 15, 42hd, 67, 107; Max Griboedov : 53; melissa held : 37; Micra : 13hd; Millena : 40hd; Minur : 12; mirrra3 : 55; Miuky : 35, 59; MSSA : 16, 28, 54, 88md; Mushakesa : 11 (ananas); mything : 13hg, 15 (banane); Naddya : 11 (rose); Natalia Aggiato : 27b; Naty_Lee : 24d; Nevena Radonja : 68; NotionPic : 44; Olga1818 : 18, 25m, 29hd, 33hd, 38, 47b, 50, 64d, 86, 91, 96, 111, 108hd; olillia : 11, 15, 28gh, 103; OSIPOVEV : 19b; pgvector : 57d; RedlineVector : 11 (girafe); Redmonkey : 23hg; Rimma Rii : 40gb; Rvector : 15 (celeri), 29bg; sayhmog : 40md; Sentavio : 47, 102; silanti : 42gh; skyclick : 40m; SmartDesign : 82b; Spreadthesign : 22, 36g; Stocklifemax : 73; stockshoppe : 60, 45 (nuage), 120hd; Tomacco : 11 (guitare), 17, 16m; tuksapornrattanamuk : 24g; valeriya_sh : 43b; Vectorpro : 3gm, 7, 10, 11, 19, 21, 23, 24, 26, 30, 31, 33, 43, 47, 52, 56, 61, 63, 79, 84, 86, 87, 90, 94, 97, 98, 113, 108b; venimo : 66; venimo : 16g; venimo : 45bd; VisualGeneration : 14b, 77; What'sMyName : 120

Bravo, vous êtes venu à bout de ce cahier ! Il est temps à présent de faire le point sur vos compétences et de comptabiliser les icônes afin de procéder à l'évaluation finale. Reportez le sous-total de chaque chapitre dans les cases ci-dessous puis additionnez-les afin d'obtenir le nombre final d'icônes dans chaque couleur. Puis découvrez vos résultats !

	😃	😐	😞		😃	😐	😞
1. Alphabets, lettres, sons				11. La conjugaison du deuxième groupe – Les chiffres			
2. Lisons ensemble				12. La négation – Le verbe être – Les verbes réfléchis – Les ordinaux			
3. Le nominatif, le masculin singulier, animé-inanimé				13. Les verbes de position – Verbes perfectifs et imperfectifs			
4. Le nom féminin singulier – Les mots interrogatifs				14. Les verbes irréguliers – Le passé			
5. Le nom neutre singulier – Les pronoms personnels – La négation				15. La déclinaison des pronoms personnels – Le nominatif – Le datif			
6. Le pluriel des noms masculins – L'incompatibilité orthographique				16. Le locatif – Prénoms et patronymes – Déclinaison des pronoms interrogatifs			
7. Le pluriel des noms féminins – Les pronoms personnels				17. Le génitif singulier et pluriel			
8. Le pluriel des noms neutres – Les adjectifs possessifs				18. L'accusatif – La localisation avec ou sans mouvement – Les adverbes			
9. L'accord en genre et en nombre de l'adjectif				19. L'instrumental – L'accord des nombres			
10. Le verbe au présent et la conjugaison du premier groupe				20. La déclinaisons des adjectifs – L'accord des ordinaux			

Total, tous chapitres confondus..

Vous avez obtenu une majorité de…

Отлично! Excellent !
Vous maîtrisez maintenant les bases du russe, vous êtes fin prêt pour passer au niveau 2 !

Неплохо, Pas mal,
mais vous pouvez encore progresser ! Refaites les exercices qui vous ont donné du fil à retordre en jetant un œil aux leçons !

Начните заново. Recommencez. Vous êtes un peu rouillé… Reprenez l'ensemble de l'ouvrage en relisant bien les leçons avant de refaire les exercices.

Conception graphique : MediaSarbacane
Mise en pages : Élodie Bourgeois pour Céladon éditions
Réalisation : Céladon éditions,
www.celadoneditions.com
© 2017 Assimil

Dépôt légal : août 2017
N° d'édition : 4045 - mars 2021
ISBN : 978-2-7005-0753-9
www.assimil.com
Imprimé en Roumanie par Tipografia Real